Norbert Achterberg

Das rahmengebundene Mandat

SCHRIFTENREIHE
DER JURISTISCHEN GESELLSCHAFT e.V.
BERLIN

Heft 50

W
DE
G

1975

DE GRUYTER · BERLIN · NEW YORK

Das rahmengebundene Mandat

Überlegungen zur Möglichkeit der Bindung des Abgeordneten an das Parteiprogramm

Von

Norbert Achterberg

Vortrag
gehalten vor der
Berliner Juristischen Gesellschaft
am 27. Januar 1975

W
DE
G

1975

DE GRUYTER · BERLIN · NEW YORK

Dr. *Norbert Achterberg*

o. Prof. an der Westfälischen Wilhelms-Universität Münster;
Direktor des rechtswissenschaftlichen Seminars, geschäftsführen-
der Direktor des Instituts für öffentliches Recht und Politik;
Richter am Hessischen Verwaltungsgerichtshof.

ISBN 3 11 006628 9

I.

Seitdem *Gerhard Leibholz* auf das zwischen Art. 38 Abs. 1 S. 2 und 21 GG bestehende Spannungsverhältnis hingewiesen hat, erscheint dieses als neuralgischer Punkt unseres Parlamentsrechts. Zeitgenossen, denen der Sinn nach Systemveränderung steht, haben die Kritik begierig aufgegriffen und untermauern mit ihr den Ruf nach dem imperativen Mandat — eine Konsequenz, die *Leibholz* selbst so allgemein aus seiner These übrigens nie gezogen hat.

Worum geht es?

1. Nach *Leibholz* „schließt . . . das Bekenntnis zur modernen parteienstaatlichen Massendemokratie das gleichzeitige Bekenntnis zu den Grundsätzen des liberalen parlamentarisch-repräsentativen Demokratismus aus, weil es sich hier dem Prinzip nach um völlig verschiedene Strukturtypen handelt". Der seit dem Frühkonstitutionalismus entwickelte repräsentative Parlamentarismus beruhe auf der Vorstellung, daß das Volk eine Einheit sei; nur deshalb habe man den Abgeordneten als Repräsentanten des ganzen Volkes ansehen können. Der so verstandene Parlamentarismus, aus dessen Widerspruch zu dem Parteiwesen dessen lange andauernde Ignorierung zu verstehen sei, entspreche nicht mehr der politischen Wirklichkeit. In den großen Flächenstaaten der Gegenwart könnten nur die Parteien die Wähler zu politisch aktionsfähigen Gruppen zusammenschließen. Demgemäß seien die Abgeordneten hier nicht legitimiert, eine von Partei und Fraktion abweichende politische Auffassung zu vertreten[1].

---

[1] *Leibholz*, Verfassungsrechtliche Stellung und innere Ordnung der Parteien, Referat auf dem 38. Deutschen Juristentag, Frankfurt/Main 1950, Tübingen 1951, C 2 (15); Parteienstaat und Repräsentative Demokratie, DVBl. 51, 1; Der Strukturwandel der modernen Demokratie, in: Strukturprobleme der modernen Demokratie, Frankfurt/Main 1974, S. 78 (93 ff.); ähnlich *Henke*, Das Recht der politischen Parteien, 2. Aufl. Göttingen 1972, S. 130 („Die Parteien sind nicht Staatsorgane, aber sie sind auf die Staatsorgane hin institutionalisiert. Ihr Einfluß ist legal. Den Träger der staatlichen Gewalt vor jedem Einfluß zu isolieren, ist weder praktisch möglich, noch demokratisch legitim."); *Kirchheimer*, Parteistruktur und Massendemokratie in Europa, AöR 79, 301 (316). — Vgl. in diesem Zusammenhang *W. Webers* Auffassung von der Mediatisierung des Volkswillens durch die Partei: Mittelbare und Unmittelbare Demokratie, in: Festschrift f. Karl Gottfried Hugelmann, Bd. 2, Aachen 1959, S. 765 (782); Spannungen und Kräfte im westdeutschen Verfassungssystem, 3. Aufl., Berlin 1970, S. 181

6

Diese Thesen werden vor dem Hintergrund der *Leibholzschen Repräsentationstheorie* verständlich, nach der die Repräsentation eine ideell bestimmte Wertsphäre voraussetzt, während — vor allem ökonomisch (und hinzuzufügen ist: parteipolitisch) bestimmte — Interessen nur vertreten werden können. Die Repräsentation ist nach ihm ein geisteswissenschaftlicher Begriff, der im Gegensatz zur technischen Vertretung in einer spezifisch ideellen Wertsphäre wurzelt. Da ihm die „Duplizität der personellen Existenz" innewohnt, ist die Repräsentation von der Identität zu unterscheiden; für sie kennzeichnend sind die Würde und der Eigenwert des Repräsentanten, der nur die Freiheit seines Mandats entspricht, während seine Degradierung zu einem Sendboten ihr widerstreitet[2]. Die von *Leibholz* an anderer Stelle vertretene Auffassung, imperatives (gemeint ist: parteigebundenes) Mandat und Fraktionszwang seien zulässige Institute des Parteienstaats[3], läßt das erwähnte Spannungsverhältnis, nach verbreiteter Auffassung sogar die Antinomie, zwischen beiden Einrichtungen unserer Verfassungsordnung schlaglichtartig hervortreten.

---

(193), der auch *Menger,* Zur verfassungsrechtlichen Stellung der deutschen politischen Parteien, AöR 78, 149 (150, 159) zustimmt. (*Weber,* Festschrift Hugelmann, S. 770, sieht — anders als *Leibholz* — in der Tätigkeit der Parteien keine plebiszitäre, sondern eine repräsentative Gestaltungsform). S. aus der Weimarer Zeit schon *Radbruch,* Die politischen Parteien im System des deutschen Verfassungsrechts, in: Handbuch des Deutschen Staatsrechts, hrsg. Anschütz-Thoma, 1. Bd., Tübingen 1930, § 25, S. 285 (286 f.), sowie gegenwärtig noch *Loewenstein,* Ueber die parlamentarische Parteidisziplin im Ausland, DRZ 50, 241 (241), nach dem die Vertretung der Gesamtnation und das nicht imperative Mandat im Parteienstaat zur „faustdicken Lüge" geworden sind; *Varain,* Das Parlament im Parteienstaat, PVS 1964, 339, der die Bundesrepublik Deutschland deshalb als „Parteienstaat" bezeichnet, weil ihre maßgeblichen Entscheidungen überwiegend durch das Wirken der Parteien bestimmt werden (340).
[2] *Leibholz,* Das Wesen der Repräsentation und der Gestaltwandel der Demokratie im 20. Jahrhundert, 3. Aufl., Berlin 1966, S. 28, 37, 54, 73, 99; Strukturwandel, S. 81, 83; und schon Referat 38. DJT, C 3; DVBl. 51,1 f. Gegen die von *Leibholz* vertretene These von der Repräsentationsunfähigkeit bestimmter Sphären bereits *H. J. Wolff,* Organschaft und Juristische Person, Bd. 2, Berlin 1934, § 4, S. 23 ff.
[3] *Leibholz,* DVBl. 51,3 (daß das imperative Mandat allgemein dem klassischen parlamentarischen Regierungssystem widerspricht, führt er Referat 38. DJT, C 3, aus); Strukturwandel, S. 97. Nach seiner Auffassung Referat 38. DJT, C 7, fehlt dem Abgeordneten im modernen Parteienstaat überhaupt die Legitimation, eine von Partei und Fraktion grundsätzlich abweichende Linie in der Politik zu verfolgen.

2. Indessen ist diese nur in ihren Grundzügen dargestellte Repräsentationstheorie nicht die einzige. Zu ihr treten *weitere* juristisch oder politologisch orientierte *Repräsentationstheorien*[4], von denen hier nur einige kennzeichnende erwähnt seien:

a) Unter den *juristischen Repräsentationstheorien* ist den Thesen von *Leibholz* diejenige von *Carl Schmitt* verwandt, nach der Identität und Repräsentation die beiden politischen Formprinzipien sind, auf die sich nicht nur alle Staatsformen zurückführen lassen, sondern die vor allem in jedem Staat als Strukturelemente vorhanden sind. Identität und Repräsentation schließen sich hiernach nicht gegenseitig aus, sondern sind nur zwei Orientierungspunkte für die konkrete Gestaltung der politischen Einheit. Repräsentation sei etwas Existentielles — mit ihr werde ein unsichtbares Sein durch öffentlich anwesendes Sein sichtbar gemacht und vergegenwärtigt —, während private Interessen entweder real gegenwärtig seien oder durch Bevollmächtigte vertreten, nicht aber repräsentiert würden. Der Abgeordnete sei als Vertreter des ganzen Volkes Repräsentant, selbst wenn die Verfassungswirklichkeit dem nicht stets entspreche[5]. — Abgesehen davon, daß politische Parteien nicht mit Privatinteressenten gleichgesetzt werden können, so daß die Bindung an ihr Programm die Repräsentation hiernach noch nicht hindert[6], zeigt sich in der Verbindung von Repräsentation und Identität, daß auch eine sicherlich identitäre Rahmenbindung der Repräsentation nicht zu widerstreiten braucht.

---

[4] Zusammenstellung zahlreicher Theorien in dem Sammelband Zur Theorie und Geschichte der Repräsentation und Repräsentativverfassung, hrsg. Rausch, Darmstadt 1968 (dort insb. die Beiträge von *Fairlie, Griffiths, Hättich, Köttgen, Landshut, Leibholz, Scheuner*).

[5] *Schmitt*, Verfassungslehre, 3. Aufl., Berlin 1957, § 16 II, S. 204 ff., III 2—4, S. 209 ff. (der besonders klar den Unterschied von Volksrepräsentation und ständischer Interessenvertretung herausarbeitet).

[6] Das könnte allenfalls bezweifelt werden, wenn allein auf *Schmitts* These (a. a. O., § 16 III 3, S. 212) abgehoben wird, repräsentiert werde (stets) „die politische Einheit als Ganzes". Doch bleibt zu beachten, daß bei der Rahmenbindung — zumindest innerhalb des Rahmens — sowohl die Sichtbarmachung eines unsichtbaren Seins als auch die Repräsentation der politischen Einheit als Ganzer erhalten bleibt — dies gerade im Gegensatz zum imperativen Mandat. — Kritisch gegenüber *Schmitt* im übrigen *Glum*, Begriff und Wesen der Repräsentation, in: Der deutsche und französische Reichswirtschaftsrat. Ein Beitrag zu dem Problem der Repräsentation der Wirtschaft im Staat, Berlin—Leipzig 1929, teilw. abgedr. auch als: Begriff und Wesen der Repräsentation, in: Zur Theorie und Geschichte der Repräsentation und Repräsentativverfassung, S. 104 (106 ff.).

Nach einer weiteren juristischen Deutung handelt es sich bei der Repräsentation um eine Gruppenvertretung, wobei das Verhalten der Repräsentanten der Gruppe zugerechnet wird, ohne daß diese in einer bestimmten Weise organisiert ist, aus der sich die Zurechnung ergibt. Die Repräsentation unterscheidet sich hiernach sowohl von der Stellvertretung — als der Vertretung eines einzelnen — als auch von der Organschaft — als der Vertretung einer entsprechend organisierten Gruppe[7]. — Aus der Sicht dieser Repräsentationstheorie ist das Mandat allerdings eindeutig auf das gesamte Volk, nicht auf die Partei als eine organisierte Gruppe bezogen.

b) Nach einer *politologischen Repräsentationstheorie* ist Repräsentation demgegenüber „alle indirekte Herrschaftsausübung durch das Volk", bedeutet das Repräsentativsystem einen solchen Zustand menschlicher Herrschaftsausübung, in dem die repräsentierten Regierten vor dem Regierenden durch von ihnen legitimierte Repräsentanten derart in Erscheinung treten, daß diese als Verkörperung jener aktiv an der Herrschaftsausübung teilhaben, wobei zwar eine Legitimation der Repräsentanten durch die Legitimierten erforderlich, deren Art aber unwesentlich ist[8]. Hieraus folgt, daß Repräsentation nach dieser Auffassung auch ein Rat leisten kann, so daß imperatives Mandat und Repräsentation sich nicht wesensgemäß ausschließen — im Ergebnis also sogar dieses, keineswegs nur ein parteiprogrammgebundenes Mandat als Unterfall der Repräsentation gedeutet werden kann.

In einer anderen, gleichfalls politologischen Repräsentationstheorie ist der Begriff des Repräsentativsystems demgegenüber dadurch verkürzt, daß unter Repräsentation nicht jede indirekte Herrschaftsausübung verstanden, sondern für sie die „Freiheit" des Mandats als wesensnotwendig erachtet wird[9]. Nach ihr las-

---

[7] *H. J. Wolff*, a. a. O., § 4, S. 16 ff., teilw. abgedr. auch als: Repräsentation, in: Zur Theorie und Geschichte der Repräsentation und Repräsentativverfassung, S. 116 (116 ff.). Vgl. dazu auch noch *Pollmann*, Repräsentation und Organschaft, Berlin 1969.

[8] In diesem Sinne etwa *Hättich*, Demokratie als Herrschaftsordnung, Opladen 1967, teilw. abgedr. auch als: Zur Theorie der Repräsentation, in: Zur Theorie und Geschichte der Repräsentation und Repräsentativverfassung, S. 498 (499 f.). Vgl. hierzu *Rausch*, ebda., S. VII, XII f.

[9] So beispielsweise *Rausch*, a. a. O., S. XIII f.

sen sich durch Weisungsgebundenheit des Mandats gekennzeichnete Systeme nicht unter die Repräsentation rechnen. Auch dann sind allerdings repräsentatives und parlamentarisches System nicht identisch, vielmehr fallen unter das erstere alle weiteren Formen indirekter Herrschaftsausübung ohne weisungsgebundenes Mandat, die nicht die Begriffsmerkmale des Parlaments erfüllen. — Das parlamentarische stellt hiernach einen Unterfall des repräsentativen Systems dar, ohne daß dabei allerdings etwas darüber ausgesagt wird, welcher Inhalt dem weisungsgebundenen Mandat zukommt.

3. Die Verschiedenartigkeit der Repräsentationstheorien läßt vermuten, daß auch hinsichtlich des Spannungsverhältnisses zwischen Art. 38 Abs. 1 S. 2 und 21 GG *unterschiedliche Deutungen* anzutreffen sind. Insbesondere *Ulrich Scheuner* hat denn auch auf die neben der Parteienstaatlichkeit im Grundgesetz enthaltene prinzipielle Entscheidung für die repräsentative Demokratie verwiesen, die nach seiner Auffassung durch die Parteien nicht plebiszitär umgewandelt ist, so daß sie jener nicht etwa untergeordnet werden kann. Sehe man für die Repräsentation als wesentlich an, daß die Staatsleitung auf dem Willen des Volkes beruht, indem sie sich auf dessen Auftrag stützt und unter dessen Kontrolle steht, daß die Entschließung der Repräsentation das Volk verpflichtet und daß die Repräsentanten zum Handeln ausreichend legitimiert sind, so hätten auch die Parteien diese Grundlagen nicht aufgehoben; sie träten vielmehr lediglich in einer nicht mehr von individuellen, lokalen und regionalen Verhältnissen geformten Gesellschaft als diese zusammenfassende Gruppen auf[10].

---

[10] *Scheuner*, Das repräsentative Prinzip in der modernen Demokratie, in: Verfassungsrecht und Verfassungswirklichkeit, Festschrift f. Hans Huber, Bern 1961, S. 222 (222, 225 f., 239 ff.). Er geht dabei von einer erheblichen Wandelbarkeit des Repräsentativsystems aus, das nicht mit seiner Ausprägung in der neueren landständischen Verfassung identifiziert werden dürfe, sondern auch schon der älteren zugrunde gelegen habe (S. 227). Im Ergebnis ähnlich wie *Scheuner* auch *E.-W. Böckenförde*, Thesen zu Artikel 38 Grundgesetz, BT-Drucksache VI/3829 (abgedr. auch in: Fragen der Verfassungsreform. Zwischenbericht der Enquête-Kommission des Deutschen Bundestages, Zur Sache 1/73, Bonn o. J., S. 123 ff., sowie bei *Liesegang*, Parlamentsreform in der Bundesrepublik, Berlin / New York 1974, S. 74 ff.). Kritisch gegenüber den Thesen von *Schmitt* und *Leibholz* ferner C. *Müller*, Das imperative und das freie Mandat, Leyden 1966, insb. S. 216 ff.; *Steiger*, Organisatorische Grundlagen des parlamentarischen Regierungssystems, Berlin 1973, S. 184 ff.

10

4. In der Tat stellen Repräsentation und Parteiwesen *keine sich ausschließenden Gegensätze* dar. Das ergibt sich, wenn man dieses Problem in die beiden Teilfragen zerlegt, ob Parteienstaatlichkeit und Parlamentarismus überhaupt zwei sich gegenseitig hindernde Strukturprinzipien sind und ob der einzelne Abgeordnete auch als Parteimitglied Repräsentant des ganzen Volkes sein kann[11]:

a) *Parteiwesen und Parlamentarismus* widerstreiten sich deshalb nicht, weil sie auf verschiedenen Strukturebenen angesiedelt sind. Die Parteien formen den staatlichen Willen lediglich vor; die Willensbildung selbst erfolgt jedoch ausschließlich durch die Organe des Staats, insbesondere durch das Parlament. Die gegenteilige Behauptung wäre unhaltbar: Tatsächlich beruht die Willensbildung auf Kompromissen zwischen den Fraktionen der Regierungsparteien und der Oppositionsparteien, so daß der endgültig gebildete, im Abstimmungsergebnis niedergelegte staatliche Wille sich erheblich von dem vorgeformten parteilichen Willen unterscheiden kann[12]. Parteilicher und staatlicher Wille können daher jedenfalls in einem Mehrparteienstaat nicht identifiziert werden; insbesondere bliebe anderenfalls die Aufgabe der Oppositionspartei unberücksichtigt, deren Kontrolle der Regierungspartei im Parlament und in der Regierung die heute weithin verflüchtigten Kontrollwirkungen der Funktionenordnung ersetzt.

b) Die *Doppelstellung des Abgeordneten* als Repräsentant des ganzen Volkes und als Parteimitglied unterscheidet sich nicht prinzipiell von einer solchen als derartigen Repräsentanten einerseits und Mitglieds eines Verbands, einer Interessengruppe, eines Unternehmens oder auch nur als Gewählten eines Wahlbezirks andererseits. In jedem Fall kann er vor die Alternative der Gewissensentscheidung oder der Interessenvertretung gestellt werden; in keinem aber tritt möglicherweise nach außen in Erscheinung, welcher Erwägung er folgt. Gleichwohl ist

[11] Vgl. zum folgenden bereits *Achterberg*, Das Parlament im modernen Staat, DVBl. 74, 693 (702 f.).
[12] Ebenso *Ellwein*, Das Regierungssystem der Bundesrepublik Deutschland, 2. Aufl., Köln—Opladen 1965, S. 218. Auch *Steiger*, a. a. O., S. 172 f., unterscheidet das gesellschaftlich-politische von dem staatlich-organisatorischen Stadium des Willensbildungs- und Entscheidungsprozesses; er sieht die Parteien als „vermittelnde Handlungsgefüge" zwischen beiden Stadien an (S. 174).

Art. 38 Abs. 1 S. 2 GG weder fiktiv noch entbehrlich, sondern behält seine Bedeutung als *Verpflichtung* zur Gewissensentscheidung[13]. Die Tragweite dieser Vorschrift kann auch nicht mit der Begründung angezweifelt werden, der repräsentierte Staatsbürger wolle durch den Abgeordneten den Willen der Partei vertreten sehen, für die er sich durch seine Stimmabgabe bei der Wahl entschieden hat. In Wahrheit will der Staatsbürger nicht diesen, sondern seinen eigenen repräsentiert sehen, und es wäre — sieht man die dauernde Übereinstimmung zwischen dem Willen des repräsentierten Staatsbürgers und demjenigen des Abgeordneten als fiktiv an — ebenso fiktiv, eine solche stete Koinzidenz zwischen dem Willen des Staatsbürgers und demjenigen der von ihm gewählten Partei anzunehmen. Da der Wille des Staatsbürgers bis zu seiner Umsetzung in denjenigen des Staats doppelt mediatisiert ist, besteht vielmehr die doppelte Möglichkeit mangelnder Übereinstimmung. Der Wille des Wählers und derjenige der von ihm gewählten Partei können ebenso divergieren wie der Wille der Partei und derjenige des Parlaments. Nur muß man eben beachten, daß nicht allein die Staatsbürger den politischen Willen bilden, sondern daß daneben auch die Parteien an der politischen Willensbildung „mitwirken".

Nach allem macht die Parteienstaatlichkeit das repräsentative Mandat keineswegs obsolet. Auch die kaum zu kontrollierende, da im Arkanbereich angesiedelte Möglichkeit, daß sich der Abgeordnete von anderen Erwägungen als seinem Gewissen leiten läßt, macht die verfassungsrechtliche Anordnung der Gewissensunterworfenheit nicht entbehrlich. Sie gilt als Sollenssatz vielmehr ohne Rücksicht darauf, ob und inwieweit sie befolgt wird, und besitzt die doppelte Funktion der an den Abgeord-

---

[13] Nach *Leibholz*, Referat 38. DJT, C 18; DVBl. 51, 7, hat die Vorschrift die Funktion, die „äußersten Konsequenzen" des Parteienstaats abzuwehren. Die These von *Trachternach*, Die Freiheit des Abgeordneten und die Ratlosigkeit des Juristen, DVBl. 75, 85 (87), die Abgeordneten müßten durch Bezugnahme auf ihr Gewissen ihre Motive „vernebeln" können, um flexibel agieren und so Mehrheiten bilden zu können, verrät demgegenüber ein höchst bedenkliches Demokratieverständnis. — Bemerkenswert in diesem Zusammenhang ist übrigens die gerade umgekehrte These von *Lang*, Das repräsentative Prinzip im Parteienstaat, Diss. Würzburg 1971, S. 75, ohne Fraktionsdisziplin würde sich der Abgeordnete einem stärkeren Druck durch die partikulären Interessen seines Wahlkreises oder ihm nahestehender Verbände ausgesetzt sehen, von denen die eigentliche Gefährdung des repräsentativen Status ausgehe.

neten gerichteten *Verpflichtung zu gewissenskonvergenter* wie
seiner *Absicherung gegenüber dem Ansinnen gewissensdivergen-
ter Entscheidung.* So gesehen, stellt die Bestimmung über das
weisungsunabhängige, gewissensunterworfene Mandat die *magna
charta des Abgeordnetenverhältnisses* dar — in ihrer Tragweite
durchaus derjenigen über die Unabhängigkeit des Richters vergleichbar.

II.

Die *Bedeutung der Parteienstaatlichkeit* wird hierdurch indessen in keiner Weise gemindert. Die nach Art. 21 GG an der politischen Willensbildung „mitwirkenden" Parteien haben sich
längst zu den wichtigsten politischen Kräften innerhalb des
Staats entwickelt[14], und selbst in der parlamentarisch institutio-
nalisierten Tätigkeit hat die Überzeugung Raum gegriffen, daß
bei der Regierungskontrolle an die Stelle des „klassischen Dua-
lismus" zwischen Parlament und Regierung ein „neuer" zwischen Opposition und Regierung getreten sei — ein nicht nur
nationales, sondern internationales Phänomen[15].

Indessen mag das in diesem Zusammenhang auf sich beruhen.
Hier geht es um die Bedeutung der Parteienstaatlichkeit für
die Stellung und das Handeln des Abgeordneten, der bei dem
Erwerb, der Ausübung und dem Verlust des Mandats in vielerlei Hinsicht von der Partei abhängig ist:

1. In dem zum *Mandatserwerb* erforderlichen *Wahlverfah-
ren* besitzt der Bewerber nur ein geringes, kaum meßbares poli-
tisches Eigengewicht. Er verfügt — gleichgültig ob als Direkt-
kandidat oder als Listenkandidat — über kein eigenes Wahl-
programm und keine die Wahlentscheidung beeinflussende politische Aussage. Der Wahlkreisbewerber mag noch lokale Gege-
benheiten in seinen Wahlkampf einbauen können; er muß sich
aber auch dabei an den ihm durch das Parteiprogramm gesteckten Rahmen halten. Zur Wahl gestellt werden letztlich das

---

[14] *Leibholz,* Referat 38. DJT, C 7; DVBl. 51, 3, hält das Volk ohne Zwi-
schenschaltung der Parteien überhaupt nicht mehr für befähigt, politischen
Einfluß auf das staatliche Geschehen auszuüben; erst sie ließen es in der
politischen Sphäre als real handelnde Einheit in Erscheinung treten: In dieser Sicht wird die Parteiendemokratie zu der überhaupt einzig möglichen
Verwirklichung der Demokratie.
[15] S. statt vieler *Morscher,* Die parlamentarische Interpellation, Berlin
1973, S. 217 ff. (speziell aus österreichischer Sicht).

Parteiprogramm und die Parteiführer[16]. Der Mandatsbewerber ordnet sich dem Parteiziel unter: Er wirbt nicht für sich als Persönlichkeit, sondern für die Partei. Zwar mag es Fälle geben, in denen die Persönlichkeit eines Wahlkreiskandidaten auf die Wähler eine derartige Faszination ausübt, daß demgegenüber seine Partei in den Hintergrund tritt. Sie dürften aber so selten anzutreffen sein, daß die grundsätzliche Richtigkeit der These von dem mangelnden politischen Eigengewicht eines Mandatsbewerbers nicht in Frage gestellt wird.

2. Hinsichtlich der *Mandatsausübung* ist folgendes erkennbar:

a) Die *Arbeit des gewählten Abgeordneten* erfolgt im engsten Konnex mit seiner Parteiorganisation; nur so ist sie politisch geduldet. Politisch effizient kann der Abgeordnete seine Arbeit nur innerhalb der Fraktion führen, wo die Übereinstimmung mit ihr zwar nicht rechtlich gefordert, wohl aber politisch erstrebt wird[17]. Wenn auch der Fraktionszwang verfassungswidrig ist, so wird mitunter gegenüber der Fraktionsdisziplin — der freiwilligen Unterstellung des Abgeordneten unter Fraktionsbeschlüsse — eine großzügigere Haltung eingenommen — aus der Sicht des Art. 38 Abs. 1 S. 2 GG freilich zu Unrecht, sofern der jeweilige Fraktionsbeschluß nicht mit der Gewissensentscheidung des Abgeordneten koinzidiert[18]. Die Unterstellung

[16] *Vaerst*, Das Abgeordnetenmandat in der Bundesrepublik, Diss. Köln 1961, S. 72 f., bemerkt zutreffend, daß auch in der Person der Parteiführer das Programm der Partei reflektiert wird, so daß es gleichgültig ist, ob auf das Programm oder das „personifizierte Programm" abgehoben wird. Die Gegenüberstellung von Realplebiszit und Personalplebiszit, mit der *Lang*, a. a. O., S. 61, seine Kritik an *Leibholz* abzustützen versucht, erweist sich demgegenüber als nicht tragfähig (ganz abgesehen davon, daß die These von *Jesch*, Rezension zu Leibholz, Das Wesen der Repräsentation und der Gestaltwandel der Demokratie im 20. Jahrhundert, DÖV 62, 37 [38], die im Personalplebiszit enthaltene Vertrauenskundgebung ermächtige zu „umfassender Repräsentation", nicht verifizierbar ist).

[17] Zur „politischen Empirie" des „freien Mandats" *Sacher*, Das freie Mandat, ÖZöR 67, 270 (276 ff.), mit dem Hinweis auf die Unglaubhaftigkeit, daß nicht an Fraktionsbeschlüsse orientierte Abgeordnete auf Grund ihrer Überzeugung gleichfalls gruppeneinheitlich abstimmen würden (277, 283), und dem Zweifel, ob der einzelne Abgeordnete überhaupt fähig sei, das Gemeinwohl besser zu erkennen als seine Fraktion (284).

[18] *Achterberg*, Grundzüge des Parlamentsrechts, München 1971, S. 32 (m. weit. Hinweisen Anm. 77); vgl. ferner *Badura*, in: Bonner Kommentar, Hamburg 1950 ff., Art. 38 RdNr 77, 78; *Hamann-Lenz*, Das Grundgesetz für die Bundesrepublik Deutschland vom 23. Mai 1949, 3. Aufl., Neuwied-

unter das Gewissen ist nicht verzichtbar. Die von politologischer Seite vertretene Auffassung, der Abgeordnete sei nicht gehindert, freiwillig eine dem imperativen Mandat ähnliche Bindung gegenüber Fraktion oder Wählerschaft einzugehen und entsprechend zu handeln — auch öffentlich zu erklären, er fasse das ihm erteilte Mandat als imperatives auf[19] — ist schlicht grundgesetzwidrig.

b) Die *Bindung an die Fraktion* und damit mittelbar an die Partei folgt weiterhin aus der überragenden Stellung, die den Fraktionen in den Parlamentsgeschäftsordnungen eingeräumt ist. Die Fraktionen schlagen die Schriftführer zur Wahl vor, die gemäß der Stärke der Fraktionen auf diese zu verteilen sind; die Fraktionen benennen die Mitglieder des Ältestenrats sowie der Ausschüsse gleichfalls nach ihrer Stärke, die auch für die Regelung des Vorsitzes in den Ausschüssen maßgebend ist. Diese in den Geschäftsordnungen den Fraktionen eingeräumten Sonderrechte schließen isolierte und dennoch effiziente Arbeit des Abgeordneten aus; sie bewirken vielmehr eine Gestaltung des innerparlamentarischen Entscheidungsprozesses, bei der die Einflußmöglichkeit des fraktionslosen Abgeordneten unter diejenige eines Hinterbänklers herabgedrückt ist[20], was wie bei diesem zugleich zu einem — wenn auch vielleicht kaum meßbaren — Funktionsverlust des Parlaments führt[21].

Berlin 1970, Art. 38 Anm. B 8 c; *v. Mangoldt-Klein,* Das Bonner Grundgesetz, 2. Aufl., Bd. II, Berlin-Frankfurt/Main 1964, Art. 38 Anm. IV 4 b; *Maunz-Dürig-Herzog,* Grundgesetz, München 1973, Art. 38 RdNr 12 m. Anm. 5. — Die Konstruktion eines „Pflichtreflexes" der Beachtung von Fraktionsbeschlüssen bei *Steiger,* a. a. O., S. 201, trägt zur Klärung der rechtlichen Lage nichts bei.

[19] So *Jäckel,* Mandat, in: Röhring-Sontheimer, Handbuch des deutschen Parlamentarismus, München 1970, S. 277 (278).

[20] Hier zeigt sich ein ähnliches Phänomen, wie es in anderem Zusammenhang *Sontheimer,* Der Pluralismus und seine Kritiker, in: Klassenjustiz und Pluralismus, Festschrift f. Ernst Fraenkel, Hamburg 1973, S. 425 (426), beschreibt, daß nicht mit einer bestimmten Gruppe identifizierbare Interessen im pluralistischen Interessenspektrum nicht wirksam vertreten werden können. Der einzelne Abgeordnete ist im parlamentarischen Entscheidungsprozeß eben nicht hinreichend „konfliktfähig" (*Offe,* Politische Herrschaft und Klassenstrukturen, in: Kress-Senghaas, Politikwissenschaft, Frankfurt/Main 1972, insb. S. 148).

[21] Mit Recht bemerkt *Henke,* in: Bonner Kommentar, Art. 21 RdNr 16, es sei eine Illusion, daß jeder Abgeordnete für sich allein eine „einsame Entscheidung" treffen könne; *Varain,* PVS 1964, 344, spricht sogar von einer „Selbstbindung" des Abgeordneten an die Fraktion. — Zum Funktionsver-

c) Über die Fraktion hinaus setzt sich auch während der Wahlperiode die *Bindung an die Partei* fort. Denn der Abgeordnete verdankt nicht nur seine politische Existenz der ihn nominierenden Partei mit ihren Führern und ihrem Programm; er ist vielmehr während seiner Mitgliedschaft im Parlament auf die Übereinstimmung mit der Partei angewiesen. Nur sie gibt ihm die Chance, an dem von den Parteien beherrschten vorparlamentarischen Meinungsbildungsprozeß teilzuhaben. Die Tätigkeit des Abgeordneten ist eben nicht nur eine solche innerhalb, sondern auch eine solche außerhalb des Parlaments — diejenige des Direktmandatsträgers möglicherweise noch mehr als die des Listenmandatsträgers, ohne daß dies jedoch zu unterschiedlichen rechtlichen Konsequenzen Anlaß geben müßte.

3. Schließlich zeigt der *Mandatsverlust als Folge des Parteiverbots* die Bindung des Abgeordneten an die Partei[22]. Angesichts des Umstands, daß bei Parteiaustritt und Parteiausschluß nach allgemeiner Meinung im Hinblick auf Art. 38 Abs. 1 S. 2 GG das Mandat nicht verloren wird, erscheint diese Konsequenz aus dem Blickwinkel des repräsentativen Mandats immerhin erstaunlich, sie war denn auch anläßlich der beiden Parteiverbotsentscheidungen des Bundesverfassungsgerichts in Wissenschaft und Praxis höchst umstritten[23]. So gewichtig die politischen Argumente für den Mandatsverlust bei Parteiverbot sind, im Lichte des sogenannten freien Mandats erscheint es bedenklich — möglicherweise sogar als Verfassungswidrigkeit der entsprechenden unterrangigen Vorschriften —, daß Partei-

---

lust des Parlaments durch Hinterbänkler *Oberreuter*, Hinterbänkler, in: Röhring-Sontheimer, a. a. O., S. 194 (197).

[22] Vgl. § 49 Abs. 1 BWahlG; Art. 48 BadWürttWG, 66 BayWG; §§ 35 BremWG, 12 HambWG, 41 HessWG, 8 Abs. 1 Nr. 5 NdsWG, 5 Nr. 3, 38 NWWG, 57 SaarWG.

[23] BVerfGE 2,1 (73 ff.); 5,85 (392). Gegen das BVerfG; SaarVerfGH, AS 7, 408; NdsStGH, OVGE 12, 496 ff. — Bedenken gegen den Mandatsverlust auch bei *Friesenhahn*, Parlament und Regierung im modernen Staat, VVDStRL 16,9 (23 m. Anm. 34); *Leibholz*, DVBl. 51,6; *Maunz-Dürig-Herzog*, a. a. O., Art. 38 RdNr 25 ff.; *Seifert*, Zum Verbot politischer Parteien, DÖV 61, 81 (86). — Gegen den Mandatsverlust als Folge des Parteiverbots in der Weimarer Zeit: *Tatarin-Tarnheyden*, Die Rechtsstellung der Abgeordneten; ihre Pflichten und Rechte, in: Handbuch des Deutschen Staatsrechts, hrsg. Anschütz-Thoma, 1. Bd., Tübingen 1930, S. 413 (420). — Zum Thema auch noch *Langensiepen*, Parteiverbot und Mandatsverlust, DVBl. 56, **701**.

austritt und Parteiausschluß einerseits und Parteiverbot andererseits zu unterschiedlichen Konsequenzen hinsichtlich des Man-
datsschicksals führen sollen. Haltbar ist dieser Unterschied nur,
wenn der Bindung an eine Partei auch im Rahmen des Art. 38
Abs. 1 S. 2 GG Bedeutung beigemessen wird.

III.

Angesichts dieser immerhin erheblichen Bedeutung der Parteienstaatlichkeit stellt sich die Frage, wie dieser im Hinblick
auf das weisungsungebundene Mandat Rechnung getragen werden kann.

1. Dabei kann von vornherein konstatiert werden, daß der
oft anzutreffende Terminus „*freies Mandat*"[24] schlicht falsch
ist — er ist hier deshalb bisher auch bewußt vermieden worden. Die Ursache hierfür liegt im Freiheitsbegriff selbst. Die
Vielfalt und Unterschiedlichkeit der diesem in den verschiedenen
Erkenntnisbereichen der universitas litterarum zuerkannten
Varianten[25] soll nicht geleugnet werden. Sie klingt besonders
deutlich in der Bemerkung von *Max Scheler* an: „Es gibt kein
philosophisches Problem, bei dem die Problemverschlingung
einerseits, die Begriffsverwirrung und die hieraus folgende äqui-
voke Anwendung der Worte einen ähnlichen Grad erreicht hat

---

[24] So etwa bei *Badura*, in: Bonner Kommentar, Art. 38 RdNr passim;
Hamann-Lenz, a. a. O., Art. 38 Anm. B 8 c; *Jäckel*, a. a. O., S. 278; *Kremer*,
Der Abgeordnete zwischen Entscheidungsfreiheit und Parteidisziplin, München 1956, S. 64 (freilich mit dem Hinweis auf Abhängigkeiten, denen der
Abgeordnete unterliegt, obwohl die Entscheidungsfreiheit auch nicht zugunsten der Parteien durchbrochen sei, S. 64 ff.); *Maunz-Dürig-Herzog*,
a. a. O., Art. 38 RdNr 12. Mit Vorbehalt („sogenanntes" freies Mandat) ähnlich *v. Mangoldt-Klein*, a. a. O., Art. 38 Anm. IV 4. — Von einer „allum-
fassenden Freiheit des Abgeordneten, die keinerlei Bindungen zuläßt", konnte
entgegen *Vaerst*, a. a. O., S. 174, schon bei dem „freien Mandat altliberalisti-
scher Prägung" keine Rede sein. Mit Recht kritisch gegenüber dem Begriff
„freies Mandat" auch *Henke*, a. a. O., S. 126 ff. (dem freilich bei der von
ihm vorgenommenen Gleichsetzung von Mandat und Amt — auch in: Bonner Kommentar, Art. 21, RdNr 17; sowie bei *v. Mangoldt-Klein*, a. a. O.,
Art. 38 Anm. IV 2; *Steiger*, a. a. O., S. 69 ff. — nicht gefolgt werden kann
[vgl. schon *Achterberg*, Grundzüge des Parlamentsrechts, S. 31]).
[25] Vgl. dazu den interdisziplinären Sammelband Freiheit als Problem
der Wissenschaft (Abendvorträge der Freien Universität Berlin im Winter
1961/62), Berlin 1962, und hieraus insbesondere *Weischedel*, Aspekte der
Freiheit, ebda., S. 7 ff.

wie beim Problem der Freiheit"[26]. Dennoch können wir als die beiden grundlegenden *Strukturelemente der Freiheit* die Offenheit eines Entscheidungsspielraums und das Selbstbestimmungsrecht zu seiner Ausfüllung begreifen. Unter beiden Aspekten aber bestehen Bedenken dagegen, von einer „Freiheit" der Mandatsausübung zu sprechen. Ohne daß die Thesen des Determinismus und des Indeterminismus hier ausgebreitet zu werden brauchen, läßt sich die Einbindung des Abgeordneten wie jedes Menschen in vielerlei — auch apokryphe — Sachzwänge nachweisen. Im Lichte dieser Zwänge der Eingliederung des Menschen in von ihm nicht beeinflußbare Kausalzusammenhänge erscheint Freiheit im Grunde überhaupt unmöglich. Die Alternative lautet nicht „Freiheit" oder „Unfreiheit", sondern „Mehr" oder „Weniger" an Freiheit. So gesehen ist Freiheit kein Zustand, sondern ein Ziel, das nur approximativ erreichbar ist. Dem Ziel freilich kann sich ein Staat durchaus verschreiben, und die Bundesrepublik Deutschland wie andere auf Freiheit ausgerichtete Staaten haben dies denn auch getan.

Der Begriff „freies" Mandat sollte indessen wegen dieser Sachzwänge sowie noch aufzuzeigender weiterer Bindungen des Abgeordneten nicht mehr gebraucht werden. Vorstellbar wäre seine Ersetzung durch den Begriff „repräsentatives" Mandat[27], von dem das imperative abgehoben ist; vorstellbar wäre auch die Bezeichnung „weisungsungebundenes" im Gegensatz zu „weisungsgebundenem" Mandat. Mit dem Pronomen „weisungsungebunden" ist noch nicht vorweggenommen, daß nicht in anderer Hinsicht eine Bindung bestehen kann — beispielsweise durch die erwähnten Sachzwänge, aber auch durch rechtliche oder vielleicht nur politische Schranken oder Rahmen, innerhalb deren sich der Abgeordnete halten muß.

2. Wie für den Richter, so bestehen auch für den Abgeordneten aber nicht nur unbeherrschbare Kausalzusammenhänge, sondern — was in diesem Zusammenhang wichtiger ist — vorgegebene Normenordnungen, bilden Verfassung und unterrangige Nor-

---

[26] *Scheler*, Zur Phänomenologie und Metaphysik der Freiheit, in: Schriften aus dem Nachlaß, Bd. 1: Zur Ethik und Erkenntnislehre, 2. Aufl., hrsg. Maria Scheler, Bern 1957 (= Gesammelte Werke, Bd. 10), S. 165.
[27] Dieser Begriff findet sich bei *Hatschek*, Deutsches und Preußisches Staatsrecht, 1. Bd., Berlin 1922, § 16 II, S. 297, sowie neuerdings bei *Kaltefleiter-Veen*, Zwischen freiem und imperativem Mandat, ZParl 5 (1974), 246 (250).

18

men — „Gesetz und Recht" — einen solchen Rahmen: allein
schon deutlicher Beweis für die erwähnte Unrichtigkeit der
Bezeichnung „freies Mandat"[28]. Indessen stellt sich die Frage,
ob nicht doch darüber hinaus das Parteiprogramm in diesen
Rahmen mit einzubeziehen ist — wobei unter diesem nicht nur
die langfristige, sondern auch die vor allem in der „Wahlplattform" zum Ausdruck kommende mittel- oder sogar
kurzfristige — aber jedenfalls noch vor der Wahl formulierte —
Zielsetzung der Partei zu verstehen ist[29].

Die Versuchung mag zwar naheliegen, sich mit einem Rück-
zug auf die Frontlinie, daß Parlamentsrecht unzweifelhaft zu
einem großen Teil *lex de iure imperfecta de politicis perfecta*
ist[30], zu begnügen und auf dieser Grundlage das Parteiprogramm
in den metarechtlichen Bereich zu verweisen. Der Staatsrechtler
indessen wird ihr widerstehen müssen, wenn es nicht nur darum
gehen soll, Verfassungswirklichkeit und Verfassungsrechtlich-
keit in Einklang zu bringen, sondern auch um die Harmonisierung zweier Verfassungsrechtprinzipien im Sinne der von
Konrad Hesse geforderten Konkordanz aller Verfassungsnormen[31]. Als hierbei zu beschreitende Wege kommen grundsätzlich
der rechts*politische* und der rechts*dogmatische* in Betracht: Man
kann versuchen, die Harmonisierung durch Verfassungsände-

---

[28] Mit Recht heben bereits *v. Freytagh-Loringhoven*, Die Weimarer Verfassung in Lehre und Wirklichkeit, München 1924, S. 88 ff.; *Morstein-Marx*,
Rechtswirklichkeit und freies Mandat, AöR 50, 430 (436), hervor, daß die
Statuierung der ausschließlichen Gewissensunterworfenheit insofern geradezu
irreführend ist, als sie den Eindruck erweckt, der Abgeordnete könne sich
auch über die Rechtsordnung hinwegsetzen, sofern dies sein Gewissen ge-
bietet.

[29] Diese Voraussetzung ist im Hinblick auf die in Art. 38 Abs. 1 S. 2 GG
vorgesehene Gewissensunterworfenheit unerläßlich, da nur auf diese Weise
der Abgeordnete ex ante — d. h. vor der Wahlannahme — sich über die
Übereinstimmung des die Rahmenbindung ausübenden Parteiprogramms mit
seinem Gewissen klar zu werden vermag.

[30] *Achterberg*, DVBl. 74, 701.

[31] *Hesse*, Grundzüge des Verfassungsrechts der Bundesrepublik Deutschland, 8. Aufl., Karlsruhe 1975, § 2 III 2 c bb, S. 28 f.; vgl. auch *Lerche*, Über-
maß und Verfassungsrecht, München 1961, S. 125 ff.; *F. Müller*, Juristische
Methodik, Berlin 1971, S. 160 f.; *Scheuner*, Diskussionsbeitrag, VVDStRL
20, 125; Pressefreiheit, VVDStRL 22,1 (53). — Nach *Hesse*, a. a. O., S. 29,
müssen die Grenzziehungen zwischen zwei Verfassungsnormen im konkreten
Fall verhältnismäßig sein und dürfen nicht weitergehen als notwendig ist, um
die Konkordanz zweier Rechtsgüter herzustellen: Unter Berücksichtigung dieser Grenze wäre es jedenfalls unmöglich, aus der Parteienstaatlichkeit das
imperative Mandat abzuleiten.

rung oder durch Verfassungsauslegung herbeizuführen. Gegen
die Verfassungsänderung bestehen dabei in formeller Hinsicht
keine Bedenken: Art. 38 Abs. 1 S. 2 GG gehört nicht zu den
unabänderlichen Bestimmungen des Grundgesetzes. In der Enquête-Kommission Verfassungsreform des Deutschen Bundes-
tags wurde zwar die Auffassung laut, Veränderungen des repräsentativen Mandats müßten sehr schnell an die Grenze der in
Art. 79 Abs. 3 GG statuierten Unantastbarkeit stoßen[32]. Ich
teile diese Ansicht nicht: Die Demokratie ist zwar als Staats-
form der Änderung entzogen, damit sind dies aber noch nicht
alle ihre Ausprägungen, die im Hinblick auf die Blankettnatur
der verfassunggestaltenden Grundentscheidung für die Demokratie durchaus unterschiedlich sein können. Wäre dies durch
Art. 79 Abs. 3 GG untersagt, so müßten jene in den Ländern
anzutreffende Ausformungen der repräsentativen und der ple-
biszitären Komponente der Staatlichkeit, die mit denen im Bund
nicht übereinstimmen, im Hinblick auf Art. 20 Abs. 2 und 28
Abs. 1 S. 1 GG notwendigerweise verfassungswidrig sein. Indessen braucht der Weg der Verfassungsänderung dann nicht
beschritten zu werden — und er sollte sowieso nicht ohne Not
gegangen werden —, wenn sich die Bindung der Abgeordneten
an das Parteiprogramm bereits de constitutione lata als zulässig
erweist. Das geht zwar nicht durch Hypostasierung eines Spe-
zialitätsverhältnisses zwischen Art. 38 Abs. 1 S. 2 und 21 GG,
für das die Verfassung — und dies dürfte der überwiegenden
Meinung entsprechen — schlechterdings nichts ergibt. Wohl
aber bedarf es der Prüfung, ob die Zulässigkeit der Bindung
des Abgeordneten an das Parteiprogramm interpretativ aus
Art. 38 GG geschlossen werden kann.

IV.

1. Durchleuchtet man diese Vorschrift daraufhin, ob sie eine
Bindung des Abgeordneten an das Parteiprogramm zuläßt oder
ausschließt — und damit bin ich beim Kernpunkt meiner Über-

---

[32] *Kewenig*, Problematik des Artikels 38 Grundgesetz, in: Fragen der
Verfassungsreform. Zwischenbericht der Enquête-Kommission des Deut-
schen Bundestages, Zur Sache 1/73, S. 109 (109). S. demgegenüber jedoch
Morstein-Marx, AöR 50, 442.

legungen angelangt —, so darf dabei die hier gesetzte *Prämisse* nicht aus dem Blickfeld geraten: Es geht allein um die Frage, ob ein durch das Parteiprogramm determiniertes, also *rahmengebundenes*, mit dem repräsentativen Mandat vereinbar ist. Zwei darüber hinausgehende Fragestellungen sollen ausdrücklich ausgeklammert bleiben: ob auch *Einzelweisungen* eine Bindungswirkung auszuüben vermögen — diese Frage braucht nicht weiter geprüft zu werden, weil insoweit der eindeutige Verfassungswortlaut entgegensteht, der ein derartiges imperatives Mandat nicht zuläßt — und ob Rahmenbindungen durch Richtlinien *anderer Institutionen* — wie etwa der Gewerkschaften oder irgendwelcher Interessengruppen — zulässig sind. Nach der thematischen Begrenzung kann dies dahinstehen, doch dürfte sicher sein, daß die verfassungsrechtliche Privilegierung der politischen Parteien durch Art. 21 GG ihre Gleichstellung mit solchen Einrichtungen nicht ohne weiteres zuläßt.

2. Die Interpretation des Art. 38 Abs. 1 S. 2 GG erfordert das *Abschreiten des Methodenkanons*. Unter Anwendung der Methoden der klassischen Interpretation, die zugleich topoi der topischen Auslegung sind, ergibt sich folgendes:

a) Nach *Wortfolge* und *Begriffssinn* stehen die drei Satzteile des Art. 38 GG — „Vertreter des ganzen Volkes", „an Aufträge und Weisungen nicht gebunden", „nur ihrem Gewissen unterworfen" — zueinander in enger Beziehung.

aa) Aus dem Satzteil über die *Vertretung des ganzen Volkes* läßt sich für die Zulässigkeit der Rahmenbindung an das Parteiprogramm nichts entnehmen. Sie scheint ihr dem Begriffssinn nach vielmehr sogar zu widersprechen. „Das ganze Volk" — das sind eben nicht allein die Wähler des Wahlbezirks, ist nicht nur eine bestimmte Klasse, Konfession, Interessengruppe und auch nicht nur eine bestimmte Partei[33]. Selbst wenn man davon ausgeht, daß sich die Aktivbürgerschaft in Parteien gruppiert, so verkörpert doch eine einzige Partei nicht das ganze Volk, so daß sich die Begriffe „Vertreter des ganzen Volkes" und „Mit-

[33] Das schließt freilich nicht aus, daß der Abgeordnete als Vertreter des ganzen Volkes zugleich irgendwelche Interessen wahrt. Nur ist diese Wahrung lediglich Ergebnis, nicht aber Ziel seiner Tätigkeit, was *Immesberger*, Zur Problematik der Unabhängigkeit der Abgeordneten im Deutschen Bundestag, Diss. Mainz 1962, S. 32 f., nicht klar genug herausgearbeitet.

glied einer Partei" keineswegs decken[34]. Dann aber widerspricht der Begriffssinn des Art. 38 Abs. 1 S. 2 GG der Rahmenbindung an das Parteiprogramm — womit freilich noch nichts darüber vorweggenommen ist, daß eine solche nicht gleichwohl zulässig ist: Die logische Interpretation ist *eine,* aber sie ist nicht die *einzige* erlaubte und gebotene Auslegungsmethode für eine Verfassungsnorm.

bb) Die Vorschrift über die *Weisungs- und Auftragsfreiheit* konkretisiert die Bestimmung, daß die Abgeordneten Vertreter des ganzen Volkes sind[35]; diese dürfen sich nicht als solche von dessen Teilen, beispielsweise der Angehörigen ihres Wahlkreises, verstehen. Es liegt dabei nahe, „Weisung" im Sinne von „Einzelweisung" zu verstehen. Zwar ließe sich vorstellen, daß sie der Oberbegriff für allgemeine und einzelne Weisungen ist, und dem Grundgesetz scheint eine solche Deutung sogar zu entsprechen, weil es in einigen Vorschriften (Art. 84 Abs. 5, 119 GG) ausdrücklich von „Einzelweisungen" spricht, während in anderen (Art. 85 Abs. 3, 91 Abs. 2, 115 f Abs. 1 GG) von „Weisungen" die Rede ist. Man könnte daher meinen, wo nicht ausdrücklich eine Beschränkung auf die einzelne Weisung erfolgt ist, sei auch die allgemeine mit umfaßt. Daß das Grundgesetz sich insoweit indessen keiner einheitlichen Begriffsbildung bedient, ergibt sich aus der in Art. 128 GG vorgenommenen Verweisung auf Art. 84 Abs. 5 GG, in der begrifflich scharf von Einzelweisungen statt von Weisungen gesprochen sein müßte. Aus der Unterscheidung von allgemeinen Verwaltungsvorschriften und Weisungen wird man demgegenüber schließen müssen, daß sich diese von jenen durch die Einzelfallregelung unterscheiden sollen[36]. Mehr

---

[34] A. M. *Radbruch,* HdbDStR I, S. 293, nach dem der Abgeordnete auch dann Vertreter des ganzen Volkes ist, wenn er seiner Parteieinstellung folgt, wobei auf die — auch hier (s. u. e dd) herausgestellte — Gemeinwohlverpflichtung der Parteien abgehoben wird: dies freilich deshalb zu Unrecht, weil die Parteien bei ihrem Streben nach Verwirklichung des Gemeinwohls durchaus unterschiedliche Wege beschreiten können und sich in diesen doch der Partikularismus auszudrücken vermag.

[35] Nach *v. Seydel,* Commentar zur Verfassungs-Urkunde für das Deutsche Reich, 2. Aufl., Freiburg-Leipzig 1897, Erl. zu Art. 29, war die Formulierung „Vertreter des gesamten Volkes" in Art. 29 RV 71 ohne rechtlichen Inhalt, lieferte sie nur die politische Begründung für die mangelnde Bindung des Abgeordneten an Aufträge und Instruktionen.

[36] *Maunz-Dürig-Herzog,* a. a. O., Art. 85 RdNr 27, 28; gleicher Ansicht *Dux,* Bundesrat und Bundesaufsicht, Berlin 1963, S. 88 Anm. 20; *Ossenbühl,* Verwaltungsvorschriften und Grundgesetz, Bad Homburg v.d.H. — Berlin-

als ein Indiz für das Verständnis des Art. 38 Abs. 1 S. 2 GG ergibt sich hieraus allerdings nicht, da der Weisungsbegriff des Grundgesetzes nicht durchgehend derselbe zu sein braucht.

cc) Die Bestimmung, daß der Abgeordnete *nur seinem Gewissen unterworfen* sei[37], kann sich als zu dem vorhergehenden Satzteil reziprok darstellen; sie kann aber auch eine darüber noch hinausgehende Freiheit anzeigen. Ob sie den ersten oder den zweiten Sinn hat, ist nicht ohne weiteres erkennbar, kann aber auch auf sich beruhen. Erheblich sind in diesem Zusammenhang jedoch zwei Folgerungen: Zum einen ergibt sich aus der unzweifelhaft bestehenden Rahmenbindung an Gesetz und Recht, insbesondere an die Verfassung, daß das Wort „nur" nicht restriktiv, sondern extensiv zu interpretieren ist[38]. Zum anderen ist der Abgeordnete, obwohl an Weisungen und Aufträge nicht gebunden, doch ihnen entsprechend zu handeln befugt, sofern sie mit seinem Gewissen übereinstimmen. Daraus ist abzuleiten, daß auch der „nur" seinem Gewissen unterworfene Abgeordnete Weisungen der Partei befolgen darf, sofern diese mit seinem Gewissen koinzidieren. Davon kann im allgemeinen

---

Zürich 1968, S. 373, 405. — A. M. BGHZ 16, 95 (97); *Hamann-Lenz*, a. a. O., Art. 85 Anm. B 7; *Schäfer*, Bundesaufsicht und Bundeszwang, AöR 78,1 (29); Die Bundesauftragsverwaltung, DÖV 60, 641 (648); sowie *v. Mangoldt-Klein*, Das Bonner Grundgesetz, 2. Aufl., Bd. III, München 1974, Art. 85 Anm. IV 2 b (m. weit. Hinweisen Fußn. 119), die — wie auch überwiegend die Vorgenannten — zu ihrem Ergebnis mit Hilfe einer nicht überzeugenden historischen und genetischen Interpretation kommen: Art. 15 Abs. 2 S. 1 RV 19 stimmt schon im Wortlaut nicht mit Art. 85 Abs. 3 GG überein (den dort genannten „allgemeinen Anweisungen" entsprechen gegenwärtig die „allgemeinen Verwaltungsvorschriften", von denen Weisungen aber gerade zu unterscheiden sind) — ganz abgesehen davon, daß nicht diese Vorschrift, sondern allenfalls Art. 84 GG mit Art. 15 RV 19 vergleichbar ist —, und im Parlamentarischen Rat lag der Akzent gerade auf der Einzelweisung (Voten der Abgeordneten *Dr. Strauss* [CDU] und *Dr. Hoch* [SPD] *v. Doemming-Füßlein-Matz*, Entstehungsgeschichte der Artikel des Grundgesetzes, Art. 85, JbÖffR n. F. 1, 636 (639).

[37] Die Bezugnahme auf das Gewissen in Art. 38 Abs. 1 S. 2 GG ist für die Rechtsordnung nicht singulär; sie kommt außer in Art. 4 Abs. 1 S. 3 GG auch noch in zahlreichen anderen Vorschriften vor. Zur Problematik allgemein *G. Küchenhoff*, Rechtsbesinnung, Göttingen 1973, S. 16 f. m. Anm. 124—127 (s. insb. die Hinweise auf das Schrifttum zum Begriff „Gewissen", Anm. 125).

[38] Infolgedessen ist die These *Baduras*, in: Bonner Kommentar, Art. 38 RdNr 50, unzutreffend, der Akzent der Klausel über das Gewissen des Abgeordneten liege nicht auf der Unterworfenheit unter dieses, sondern auf ihrer Ausschließlichkeit („nur").

auch ausgegangen werden: Üblicherweise nämlich schließt man sich derjenigen Partei an, deren weltanschauliche und politische Richtung den eigenen Vorstellungen — anders ausgedrückt: dem eigenen Gewissen — am ehesten entspricht. Sofern im einzelnen Fall andere Überlegungen ausschlaggebend sind — etwa diejenige, daß jemand die Partei allein als Sprungbrett zum Ministeramt betrachtet und sich deshalb derjenigen anschließt, mit deren Hilfe ihm eine entsprechende Karriere am ehesten realisierbar erscheint —, wird man von einem derartigen Parteimitglied sowieso kaum erwarten können, daß es als Abgeordneter allein seinem Gewissen zu folgen bereit ist. Versteht man den Begriff „Weisung" darüber hinaus restriktiv nur als *Einzelweisung*, so hindert eine Gewissensunterworfenheit, die einer solchen reziprok ist, die Rahmenbindung sogar überhaupt nicht.

Insgesamt läßt sich somit sagen, daß die logische Interpretation des Art. 38 Abs. 1 S. 2 GG einige — zunächst allerdings noch recht schwache — Anhaltspunkte für die Zulässigkeit der Bindung an das Parteiprogramm zu liefern vermag.

b) Damit ist der Blick auf die *geschichtliche Entwicklung* zu richten. Zwar weniger die Bestimmung über die Gewissensunterworfenheit des Abgeordneten — die schon in § 133 S. 1 Neue Landschaftsordnung für das Herzogthum Braunschweig v. 12. 10. 1832 sowie (in Verbindung mit der Verantwortung vor Gott) in § 55 Abs. 1 Verfassungs-Urkunde für das Kufürstenthum Hessen v. 13. 4. 1852[39] und in verschiedenen weiteren Landesverfassungen, auf Zentralstaatsebene erstmals in Art. 21 S. 2 RV 19 erscheint —, als vielmehr diejenige, daß der Abgeordnete Vertreter des ganzen Volkes und an Weisungen und Aufträge nicht gebunden ist, hat eine lange Tradition. Letztlich geht sie auf die — wie erwähnt — mit der Repräsentationstheorie liberalistischer Prägung verhaftete Lehre zurück, daß der Abgeordnete — obwohl in seinem Wahlkreis gewählt — nicht diesen, sondern das Gesamtvolk repräsentiert, wie es im englischen Parlamentarismus besonders prägnant von *William Blackstone* umrissen wurde[40]. In ähnlicher Fassung findet sie sich

---

[39] Abgedr. in: Die deutschen Verfassungsgesetze der Gegenwart, hrsg. H. A. Zachariä, Göttingen 1855, S. 332 (346), 360 (369).

[40] *Blackstone*, Commentaries on the Laws of England, 16th ed., London 1825, Book I, ch. 2 II, p. 159: „...every member, though chosen by one particular district, serves by the whole realm."

in den neueren landständischen Verfassungen der deutschen
Staaten, in denen sich die Nationalrepräsentation gegenüber
der partikular-ständischen Vertretung durchgesetzt hat, wie in
den Verfassungen des Deutschen Reichs. Hier sind — mitunter
auch im Wortlaut des Abgeordneteneids (dessen Pathos mit
demjenigen der Gewissensunterworfenheit keineswegs zufällig
korreliert) — die Formulierungen anzutreffen, daß der Abgeordnete der Vertreter des ganzen Volkes ist, daß er nach
seiner freien Überzeugung stimmt und an Aufträge und Instruktionen nicht gebunden ist oder daß er zu des Landes allgemei-
nem Wohl und Besten ohne Rücksicht auf besondere Stände
oder Klassen nach seiner inneren Überzeugung handelt[41].

Die geschichtliche Entwicklung zeigt, daß der Vertreter des
ganzen Volks — wie es bei *Blackstone,* aber auch in zahlreichen
der zuvor genannten Verfassungstexte zum Ausdruck kommt
— zunächst nur demjenigen des Wahlkreises, später aber auch
demjenigen eines Standes oder einer Klasse entgegengesetzt

---

[41] Vgl. Art. 29 RV 71; 21 RV 19; sowie außer den bereits genannten Verfassungen: Art. 83 Verfassungs-Urkunde für den Preußischen Staat v.
31. 1. 1850 (GS 17); Titel VII § 25 (Bay.) Verfassungsurkunde v. 26. 5. 1818;
§ 81 Abs. 1 S. 2 (Sächs.) Verfassungsurkunde v. 4. 9. 1831; § 163 (Württ.)
Verfassungsurkunde v. 25. 9. 1819; §§ 48, 69 (Bad.) Verfassungsurkunde
v. 22. 8. 1818; Art. 61, 88 Abs. 2 Verfassungsurkunde des Großherzogthums
Hessen v. 17. 12. 1820; § 17 Abs. 1 Revidirtes Grundgesetz über die Verfassung des Großherzogthums Sachsen-Weimar-Eisenach v. 15. 10. 1850;
Art. 129 § 1 Revidirtes Staatsgrundgesetz für das Großherzogthum Olden-
burg v. 22. 11. 1852; § 199 Grundgesetz für das Herzogthum Sachsen-
Altenburg v. 29. 4. 1831; § 84 Staatsgrundgesetz für das Herzogthümer
Coburg und Gotha v. 3. 5. 1852; § 17 Grundgesetz für das Fürstenthum
Schwarzburg-Rudolstadt v. 21. 3. 1854; § 30 Landesgrundgesetz für das Fürstenthum Schwarzburg-Sondershausen v. 8. 7. 1857; § 62 (Wald.) Verfassungs-Urkunde v. 17. 8. 1852; § 63 Abs. 1 Gesetz, die Verfassung des Für-
stenthums Reuß älterer Linie betreffend, v. 28. 3. 1867; § 52 Revidirtes
Staatsgrundgesetz für das Fürstenthum Reuß Jüngerer Linie v. 14. 4. 1852;
Art. 16 Verfassungsgesetz für das Fürstenthum Schaumburg-Lippe v. 17. 11.
1868; § 27 (Lipp.) Verordnung, die landständische Verfassungs-Urkunde betreffend, v. 6. 7. 1836; Art. 26 (Lüb.) Verfassung v. 5. 4. 1875; § 44 Verfassung der freien Hansestadt Bremen v. 17. 11. 1875; Art. 33 Verfassung der
Freien und Hansestadt Hamburg v. 13. 10. 1879 (vorst. Verfassungen abgedr.
in: Handbuch der Deutschen Verfassungen, hrsg. Stoerk, Leipzig 1884), ferner
§ 50 (Hannov.) Gesetz, verschiedene Änderungen des Landesverfassungs-Ge-
setzes betreffend, v. 5. 9. 1848 (abgedr. bei H. A. Zachariä [s. o. Anm. 39]).
Vgl. hierzu ferner *v. Mohl,* Encyklopädie der Staatswissenschaften, 2. Aufl.,
Freiburg-Tübingen 1872, § 32, S. 241 f.

wurde[42]. Freilich wurden bereits im Frühkonstitutionalismus Zweifel geäußert, ob überhaupt der einzelne Abgeordnete und nicht vielmehr nur das Parlament insgesamt zur Repräsentation des ganzen Volkes befähigt sei. Insbesondere *Carl v. Rotteck* hielt es zwar für möglich, daß der Abgeordnete positivrechtlich als Vertreter des ganzen Volkes gedeutet werde, doch geschehe dies dann nur „durch Rechts-Dichtung, nicht aber mit Wahrheit". Denn durch die Deputierten würden die verschiedensten Gesinnungen, Interessen und Richtungen repräsentiert, so daß die Gesamtheit, in deren Mitte diese alle anzutreffen seien, nicht durch einen allein vertreten werden könnte. Nur das Parlament als Ganzes, nicht aber der einzelne Abgeordnete vermöge daher das gesamte Volk zu repräsentieren[43]. Bedenken die-

[42] Vgl. aber hierzu *Klüber*, Oeffentliches Recht des Teutschen Bundes und der Bundesstaaten, 2. Abt., 2. Aufl., Frankfurt/Main 1822, § 215, S. 440 (das Mitglied der Volksvertretung heiße Landstand, „weil es berufen [sei], für das ganze Land, die Gesammtheit der Einwohner, auf dem Landtage zu stehen"), s. auch noch S. 441 („nicht Stellvertreter nur eines Theils [eines Standes oder einer Caste] der Staatsbürger") sowie § 226, S. 491. — S. zur Deutung des repräsentativen Mandats im Frühkonstitutionalismus und Konstitutionalismus bis zum Ende des Kaiserreichs ferner — in zeitlicher Reihenfolge — *Schmitthenner*, Grundlinien des allgemeinen oder idealen Staatsrechtes, Gießen 1845, § 175, S. 575 ff.; *Zoepfl*, Grundsätze des allgemeinen und deutschen Staatsrechts, 2. T., 4. Ausg., Leipzig-Heidelberg 1856, § 332, S. 359 f., § 347, S. 396 ff.; *H. A. Zachariä*, Deutsches Staats- und Bundesrecht, 1. T., 3. Aufl., Göttingen 1865, § 111, S. 618 f.; *Bluntschli*, Allgemeines Staatsrecht, 6. Aufl., Stuttgart 1885, S. 55; *Zorn*, Das Staatsrecht des Deutschen Reiches, 1. Bd., 2. Aufl., Berlin 1895, § 8 I, S. 214 (nach dem der Abgeordnete als Vertreter des ganzen Volkes die einzelstaatlichen Grenzen überwinden soll — dies mithin in einer Orientierung an der Bundesstaatlichkeit [freilich unzutreffend, weil auch die gliedstaatlichen Verfassungen dieselben Wendungen enthielten]); *G. Meyer*, Lehrbuch des Deutschen Staatsrechtes, 5. Aufl., Leipzig 1899, § 96, S. 265, § 105, S. 299 f.; *Laband*, Das Staatsrecht des Deutschen Reiches, 5. Aufl., 1. Bd., Tübingen 1911, § 32, S. 294 ff. (vgl. auch S. 297 Anm. 1 mit der These, die Auffassung, es gebe einen einheitlichen Volkswillen, den der Abgeordnete repräsentieren könne, habe sich „als ein optimistischer Irrtum erwiesen"); *Hatschek*, Das Parlamentsrecht des Deutschen Reiches, Berlin-Leipzig 1915, § 54, S. 568 ff.
[43] *v. Rotteck*, Lehrbuch des Vernunftrechts und der Staatswissenschaften, Bd. 2, 2. Aufl., Stuttgart 1840, § 77, S. 237, § 79, S. 242 f. (S. 242: „Wohl mag man in der *Summe* und in dem wechselseitigen *Verhältniß* solcher streitenden Richtungen ein treues Abbild der in der Nation waltenden oder vorherrschenden Gesinnungen erkennen; aber eine allein zeigt nur entweder die rein individuelle Ansicht des *einzelnen Deputirten* ... oder die in seinem *Wählerkollegium* vorherrschende Richtung ..."); auch schon *Klüber*, a. a. O., § 221, S. 469.

ser Art spiegeln das Unbehagen gegenüber einer für fiktiv gehaltenen Individualrepräsentation des ganzen Volkes wider.

Aus der geschichtlichen Entwicklung ist immerhin zweierlei abzuleiten: Deutet man die Repräsentation des Volkes den zuvor genannten Erwägungen entsprechend als Kollektivrepräsentation, so steht der Rahmenbindung des einzelnen Mandats nichts entgegen[44], weil sie die Möglichkeit der Identifikation mit der Resultante divergierender politischer Richtungen nicht ausschließt. Begreift man die Repräsentation dagegen mit der überwiegenden Meinung als Individualrepräsentation und extrapoliert man die geschichtliche Entgegensetzung von Abgeordnetem einerseits und Wahlbezirk, Stand oder Klasse andererseits unbesehen auf diejenige zur Partei andererseits, so ließe sich dieser Trend freilich heranziehen, um die Willensfreiheit des Abgeordneten in einen Gegensatz zur Rahmenbindung durch das Parteiprogramm zu bringen. Indessen müssen gegen eine solche Deduktion deshalb Bedenken bestehen, weil die im Parteienstaat der Partei zukommende, andere mögliche Weisunggeber weit überragende Bedeutung in der geschichtlichen Entwicklung noch keinen Platz findet[45].

Sobald das der Fall ist — insbesondere in der Weimarer Zeit —, setzt der Streit um die Bedeutung des repräsentativen Mandats ein. Nach *Edgar Tatarin-Tarnheyden* widersprach der Wortlaut des Art. 21 RV 19 einer Bindung des Abgeordneten an das Parteiprogramm; nur für die Kreation des Parlaments durch die Wahl seien die Parteizugehörigkeit und das Parteiprogramm relevant, nicht aber für die Arbeit in der Fraktion; das repräsentative Mandat löse im Gegenteil den Abgeordneten gerade von der ihm als Parteimitglied auferlegten Bindung[46].

---

[44] Im Ergebnis ebenso *Morstein-Marx*, AöR 50, 434.

[45] Demgemäß bemerkt *Leibholz*, Referat 38. DJT, daß die Frage des imperativen Mandats im Zeitalter des liberalen und repräsentativen Parlamentarismus im wesentlichen in bezug auf das Verhältnis der Wähler und nicht auf dasjenige der politischen Partei zum Abgeordneten erörtert wurde (C 4), der Parlamentarismus sich im 19. Jahrhundert der Tolerierung und Legalisierung der politischen Parteien aus dem instinktiv richtigen Grundgefühl widersetzt habe, daß durch diese die Freiheit der Abgeordneten gefährdet werde und damit die Fundamente des parlamentarischen Regierungssystems in Frage gestellt würden (C 12).

[46] *Tatarin-Tarnheyden*, HdbDStR I, § 38, S. 416 ff. — Vgl. zur Deutung des repräsentativen Mandats i. S. Art. 21 RV 19 außer den u. Anm. 47, 48 genannten Autoren insb. *Anschütz*, Die Verfassung des Deutschen Reichs, 14. Aufl., Berlin 1933, Art. 21 Anm. 2; *Gebhard*, Handkommentar zur Ver-

Fritz Morstein-Marx vermochte demgegenüber in dem repräsentativen Mandat nur noch ein „fossiles Requisit aus der verfassungsgeschichtlichen Steinzeit" zu sehen und vertrat die These, daß das Parteiprogramm, modifiziert für den Einzelfall durch den Fraktionsbeschluß, die Grundlage der politischen Imperative an den Parlamentarier geworden sei; *Leo Wittmayer* nannte es eine „Urgroßväterweisheit", ein „Dogma naiver Repräsentationsvorstellungen" und reduzierte seinen Inhalt auf die Verpflichtung zum Einkammersystem — beide resignierend vor der Erkenntnis, daß „Rechtswirklichkeit und freies Mandat" — so der Titel des einschlägigen Beitrags von *Morstein-Marx* — divergierten[47]. Auch *Hans Kelsen* vermochte trotz entschiedener Ablehnung des imperativen Mandats den Gedanken einer Kontrolle des Abgeordneten durch die politische Partei nicht von der Hand zu weisen; er hielt die Unverantwortlichkeit des Abgeordneten, die nach ihm eine der „Hauptursachen für die Mißstimmung... ist, die heute gegen die Institution des Parlaments herrscht", für ein keineswegs wesensnotwendiges Element des parlamentarischen Systems[48].

c) War die Reichweite des repräsentativen Mandats mithin schon im Weimarer Staat höchst umstritten, so verwundert es nicht, daß die Diskussion hierüber sich in der *Entstehungsgeschichte des Grundgesetzes* fortsetzt. Auch Art. 46 Herrenchiemsee-Entwurf sah zwar vor, daß die Abgeordneten Ver-

---

fassung des Deutschen Reichs, München-Berlin-Leipzig 1932, Art. 21 Anm. 2—5 b; *Giese*, Verfassung des Deutschen Reiches, 7. Aufl., Berlin 1926, Art. 21 Anm. 2, 3; *Poetzsch-Heffter*, Handkommentar der Reichsverfassung, 3. Aufl., Berlin 1928, Art. 21 Anm. 2, 3.
[47] *Morstein-Marx*, AöR 50, 439, ähnlich 443 (die Bezugnahme auf das Gewissen gehört nach ihm eher in einen „Katechismus", denn in eine Rechtsnorm [435] — eine Wendung, die sich gegenwärtig *Steffani*, Parlamentarische Demokratie — Zur Problematik von Effizienz, Transparenz und Partizipation, in: Parlamentarismus ohne Transparenz [=Kritik, Bd. III], hrsg. Steffani, Opladen 1971, S. 17 [35] zu eigen gemacht hat); *Wittmayer*, Die Weimarer Reichsverfassung, Tübingen 1922, S. 66, 68 f. (der freilich nicht den Parteienstaat, sondern die plebiszitäre Komponente der Weimarer Reichsverfassung — Volksbegehren und Volksentscheid — mit dem „freien Mandat" konfrontiert).
[48] *Kelsen*, Das Problem des Parlamentarismus, in: Soziologie und Sozialphilosophie, Schriften der Soziologischen Gesellschaft Wien, Heft III, Wien-Leipzig 1925, S. 14, abgedr. auch in: Die Wiener rechtstheoretische Schule, hrsg. Klecatsky-Marcic-Schambeck, Wien-Frankfurt-Zürich-Salzburg-München, S. 1661 (1668).

treter des ganzen Volkes, nur ihrem Gewissen unterworfen und an Aufträge nicht gebunden sind — und im Wortlaut nahezu, im Inhalt überhaupt unverändert ist diese Bestimmung denn schließlich auch vom parlamentarischen Rat beschlossen worden. Kritik wurde dort indessen zunächst an der Bezugnahme auf das „ganze Volk" geübt (Dr. Schwalber/CSU); die Abgeordneten könnten nur insoweit ein Mandat innehaben, wie sie abgeordnet seien, mithin nur von einem bestimmten Teil des Volkes. Die Übernahme dieses Vorschlags hätte allerdings einen Bruch mit der tradierten Repräsentationstheorie bedeutet; er geht weit über das hinaus, was ein an den Rahmen des Parteiprogramms gebundenes Mandat erforderte. Der Vorschlag fand demgemäß keine Zustimmung; ihm wurde von anderer Seite (Dr. Dehler/ FDP) entgegengehalten, daß der Abgeordnete Vertreter des ganzen Volkes, nicht eines Wahlkreises, einer Landschaft oder eines Stammes sei. Kritik wurde ferner aber auch an der Bestimmung über die Unabhängigkeit und Gewissensunterworfenheit des Abgeordneten geübt (Dr. Strauss/CDU); das repräsentative Mandat — so wurde ausgeführt — sei nur historisch zu begreifen, sei heutzutage unwahrhaft geworden und stimme mit der Verfassungswirklichkeit nicht mehr überein, so daß man es entweder als selbstverständlich voraussetzen oder als mißverständlich weglassen solle. Der uns beschäftigenden Problematik schließlich kam die Überlegung (Dr. Selbert/SPD) am nächsten, daß die Parteien die Träger des politischen Lebens in einem Volke seien und angesichts des Bekenntnisses zu der Institution der politischen Partei nichts anderes übrig bleibe, als daß der durch eine solche nominierte und nach oben getragene Abgeordnete in ihrem Rahmen arbeite[49]. Mag die Befürchtung eines Schutzes für Außenseiter und Einzelgänger, der anderenfalls bewirkt werde, angesichts der erwähnten Verklammerungen zwischen Mandatseffektivität und Fraktionsmitgliedschaft auch

---

[49] v. Doemming-Füßlein-Matz, a. a. O., Art. 38, JbÖffR n.F. 1, 353 ff. S. auch Badura, in: Bonner Kommentar, Art. 38 Anm. I 5 und 6 (wo auch noch die in der Entstehungsgeschichte vorgetragene These erwähnt wird, das freie Mandat solle den Abgeordneten zugleich vor dem Parteiapparat schützen — ein Argument, das jedenfalls für die Bindung zwischen Abgeordnetem und Partei über die Wahlperiode hinaus von vornherein keine Geltung beanspruchen kann, das aber auch hinsichtlich derjenigen während der Wahlperiode die ohnehin bestehende starke Verklammerung zwischen Abgeordnetem und Partei außer acht läßt).

als überzeichnet erscheinen, so zeigt sich in diesen Überlegungen doch deutlich das Bewußtsein von der Bedeutung einer Rahmenbindung. Auch die Entstehungsgeschichte des Grundgesetzes offenbart mithin das — und zwar quer durch die Parteien — bestehende Unbehagen an der Fortführung des klassischen Verständnisses vom repräsentativen Mandat.

d) Bei einer mit *außerstaatlichen* Rechtsordnungen vorgenommenen *Rechtsvergleichung* ergibt sich, daß dem Grundgesetz kommensurable Verfassungen nicht immer dem Art. 38 Abs. 1 S. 2 GG vergleichbare Vorschriften über das repräsentative Mandat kennen, jedenfalls aber ihnen eine Hinderung der Bindung an das Parteiprogramm in der Regel nicht zu entnehmen ist: Nach Art. 56 Verfassung des Königreichs Dänemark vom 5. 6. 1953 sind die Mitglieder des Folketings „einzig und allein durch ihre Überzeugung gebunden, nicht aber durch irgendwelche Vorschrift seitens ihrer Wähler", eine fast gleichlautende Bestimmung trifft § 48 Abs. 1 Verfassung der Republik Island vom 17. 6. 1944 hinsichtlich der Mitglieder des Althings; nach § 11 Finnische Reichstagsordnung vom 13. 1. 1928 ist der Abgeordnete verpflichtet, in Ausübung seines Mandats so zu handeln, wie Recht und Wahrhaftigkeit dies fordern, sowie die Grundgesetze zu befolgen, ohne durch irgendwelche anderen Vorschriften gebunden zu sein, nach Art. 67 Verfassung der Italienischen Republik vom 27. 12. 1947 vertritt jedes Mitglied des Parlaments die Nation und übt sein Amt aus, ohne an Aufträge gebunden zu sein; auch Art. 50 Abs. 2 Verfassung des Großherzogtums Luxemburg vom 17. 10. 1968, Art. 96 Grundgesetz des Königreichs der Niederlande vom 24. 8. 1815, Art. 56 Österreichisches Bundesverfassungs-Gesetz vom 10. 11. 1920 und Art. 76 Verfassung der Türkischen Republik vom 27. 5. 1961 bestimmen die Weisungsfreiheit der Abgeordneten. Der Verfassung der Französischen Republik vom 28. 9. 1958, die ausdrücklich der politischen Parteien gedenkt, ist ebenfalls kein Anhalt für eine Rahmenbindung zu entnehmen: Art. 27 Abs. 1 S. 1 bestimmt lediglich, daß jedes weisungsgebundene Mandat ungültig ist — dies indessen verständlicherweise, da der verfassungsrechtlich abgesicherte Einfluß der politischen Parteien nach Art. 4 Satz 1 deutlich geringer ist als der in Art. 38 Abs. 1 S. 2 GG vorgesehene: Die politischen Parteien wirken danach lediglich „bei den Wahlentscheidungen" mit. Die verfassungsgesetzliche Prämisse ist dort mithin eine gänzlich andere als in der Bundesrepublik, so sehr sich die verfassungswirklichen Konsequenzen auch decken mögen[50].

Die *innerstaatliche* Rechtsvergleichung läßt demgegenüber erkennen, daß die in den Landesverfassungen getroffene mit der im Grundgesetz enthaltenen Regelung des repräsentativen Mandats prinzipiell übereinstimmt[51] — wobei dahinstehen mag, ob und inwieweit dies auf Grund des in Art. 28 Abs. 1 GG enthaltenen Homogenitätsgebots auch unerläßlich ist. Die Verfassung von Berlin ist die einzige, die eine entsprechende Vorschrift überhaupt nicht kennt. Art. 77 HessV reduziert den Wortlaut — wenn auch nach dem vorher Gesagten nicht den Begriffsinhalt — der Bestimmung über das repräsentative Mandat darauf, daß die Abgeordneten Vertreter des ganzen Volkes sind, während allein Art. 13 Abs. 2 S. 1 BayV in diesem Zusammenhang auch der Parteien gedenkt: „Die Abgeordneten sind Vertreter des Volkes, nicht nur einer Partei." Nicht einmal diese Vorschrift brauchte indessen einer teleologischen Reduktion unterworfen zu werden, um eine Rahmenbindung an das Parteiprogramm zu ermöglichen: Denn auch bei einer solchen würden die Abgeordneten — wie erwähnt — gerade nicht zu Parteivertretern; das imperative im Sinne eines weisungsgebundenen bleibt vielmehr auch dann ausgeschlossen, wenn das repräsentative als rahmengebundenes Mandat begriffen wird.

e) Sprechen mithin weder logische, historische, genetische noch komparative Erwägungen gegen die Zulässigkeit eines solchen Mandats, so ergeben schließlich *systematische* und *teleologische Überlegungen* eine überschießende Tendenz in die Richtung eines derartigen Interpretationsergebnisses:

aa) Art. 21 GG läßt nicht erkennen, daß sich die Parteienstaatlichkeit auf das parlamentarische Vorfeld beschränkt. Viel-

---

[50] Vom überkommenen Verständnis des Parlamentarismus weicht demgegenüber Art. 16 Abs. 2 S. 1 Verfassung Irlands v. 1. 7. 1937 insofern ab, als hiernach die Mitglieder des Dáil Éireann nicht den ganzen Staat, sondern gesetzlich bestimmte Wahlbezirke vertreten, doch kann das in diesem Zusammenhang auf sich beruhen. — Die zuvor erwähnten Verfassungen sind in deutscher Übersetzung enthalten in *Mayer-Tasch*, Die Verfassungen der nicht-kommunistischen Staaten Europas, 2. Aufl., München 1975.
[51] Art. 27 Abs. 3 BadWürttV; 13 Abs. 2 BayV; 83 Abs. 1 BremV; 7 HambV; 77 HessV; 3 Abs. 1 S. 2 NdsV; 30 Abs. 2 NWV; 79 S. 2 RhPfV; 68 Abs. 2 S. 1 SaarV; 9 Abs. 2 SHV.

mehr kann den Parteien nach der dort enthaltenen umfassenden
Formulierung ein auch über die Wahl hinausgehender bestim-
mender Einfluß auf das politische und staatliche Geschehen nicht
versagt bleiben. Die Parteien erschöpfen sich nicht darin,
„Kaderschmieden" für die Parlamente zu bilden; sie müssen
nicht nur an der Kreation, sondern auch an der Funktion des
Parlaments teilhaben[52]. Parteienstaatlichkeit bedeutet nicht nur
„Septemberdemokratie". Setzt sich die politische Mitwirkung
der Parteien mithin prinzipiell auch in die parlamentarische
Tätigkeit hinein fort, so kann nur noch deren Ausmaß diskutiert werden. Hierzu aber läßt sich sagen, daß das rahmengebundene Mandat einerseits dem Mitwirkungsanspruch der Parteien,
andererseits aber auch der Weisungs*un*gebundenheit des repräsentativen Mandats Rechnung trägt.

bb) Zu demselben Ergebnis kommt man, wenn man in Rechnung stellt, daß die politischen Parteien bei der nach Ablauf der
Legislaturperiode erfolgten Neuwahl für die Leistungen der
Staatsorgane — und insbesondere des Parlaments — zur Verantwortung gezogen werden. Der Wahlausgang zu ihren Gunsten oder Ungunsten hängt entscheidend davon ab, ob die Wähler die parlamentarische Tätigkeit der abgelaufenen Wahlperiode
zu honorieren bereit sind. An dieser Tätigkeit aber wirken
Parteimitglieder als Abgeordnete mit. Ist das Parlamentsrechts
— wie erwähnt — weithin nur de politicis perfecta, so stellt
jene Perfektion die politische Sanktion dar, die durch die er-
neute Wahl oder Nichtwahl erfolgt. Bei ihr aber erscheint es
nicht nur un*billig*, die Parteien dafür einstehen zu lassen, wie
das Parlament sich verhalten hat, ohne daß sie — wie durch
die Rahmenbindung des Mandats jedoch möglich — hierauf
einen Einfluß ausüben können, sondern zugleich sogar un*recht*,
wenn man davon ausgeht, daß sich niemand fremdes Verhalten
rechtlich zurechnen zu lassen braucht, sofern dies nicht gesetzlich

---

[52] Im Ergebnis ebenso *Menger*, AöR 78, 159. — A. M. — in kritischen
und polemischen Ausführungen — *Hamann-Lenz*, a. a. O., Art. 21 Anm. A 3,
B 4. Vgl. jedoch auch noch die abgewogenen Darstellungen bei *Henke*, in:
Bonner Kommentar, Art. 21 RdNr 14 ff. (der zutreffend ausführt, daß der
Zusammenschluß der Abgeordneten nach ihrer Parteizugehörigkeit durch
Art. 21 Abs. 1 S. 1 GG legitimiert wird; zu ergänzen ist nur, daß der Zusammenschluß allein noch ohne Wirkung auf das parlamentarische Handeln
bleibt, wenn nicht in irgendeiner Weise hierdurch die Parteivorstellungen
effektuiert werden können).

ausdrücklich vorgesehen ist — es erfolgt eben nicht nur eine politische, sondern auch eine rechtliche Zurechnung, der im Bereich staatlicher Willensbildung anzutreffenden engen Verschränkung politischer und rechtlicher Dimensionen entsprechend[53].

cc) Weiterhin ist daran zu erinnern, daß das Verhältnis zwischen Rahmenbindung und Weisungsungebundenheit — diese im Sinne der Freiheit von *Einzel*weisungen verstanden — der Verfassungsordnung auch sonst nicht unbekannt ist. Als Beispiel hierfür ist vielmehr die Beziehung zwischen der Richtlinienkompetenz des Bundeskanzlers und der Ressortkompetenz der Bundesminister zu erwähnen. Auch jene bewirkt eine Rahmenbindung: Die Bundesminister sind gehalten, ihre Ressortkompetenz im Einklang mit den vom Bundeskanzler gesetzten Richtlinien auszuüben. Innerhalb des so abgesteckten Rahmens — und allerdings auch innerhalb der durch Verfassung und Gesetze gezogenen Schranken — besitzen die Minister die Freiheit oder Unabhängigkeit selbständigen Handelns[54]. Die Vergleichbar-

---

[53] Zur Mehrdimensionalität des Parlamentarismus *Achterberg*, Soziokonformität, Kompetenzbereich und Leistungseffizienz des Parlaments, DVBl. 72, 841 (842 f.); Probleme parlamentarischer Kompetenzabgrenzung, in: Gesellschaftlicher Wandel und politische Innovation (=PVS Sonderheft 4/1972), Opladen 1972, S. 368 (368 f.).

[54] Insb. *Maunz*, Die Richtlinien der Politik im Verfassungsrecht, BayVBl. 56, 257 (261), und *Friauf*, Grenzen der politischen Entschließungsfreiheit des Bundeskanzlers und der Bundesminister, in: Festgabe f. Heinrich Herrfahrdt, Marburg 1961, S. 45 (50), haben herausgearbeitet, daß es sich bei den Kanzlerrichtlinien um generelle (Rahmengesetzen vergleichbare) Leitsätze handelt; hiermit stimmt die überwiegende Meinung überein: *E.-W. Böckenförde*, Die Organisationsgewalt im Bereich der Regierung, Berlin 1964, S. 206; *Hamann-Lenz*, a. a. O., Art. 65 Anm. B 1; *v. Mangoldt-Klein*, Das Bonner Grundgesetz, 2. Aufl., Bd. II, Berlin-Frankfurt/Main 1964, Art. 65 Anm. III 2 b. — A. M. freilich *Knöpfle*, Inhalt und Grenzen der „Richtlinien der Politik" des Regierungschefs, DVBl. 65, 857, 925 (925 ff.), der nach „politisch bedeutsamen Entscheidungen" und solchen „ohne politische Auswirkung" differenzieren will, wogegen *Hamann-Lenz*, a. a. O., jedoch zutreffend Unbestimmtheit und mangelnde Abgrenzbarkeit gegen politisch relevante Ministerentscheidungen einwenden. Der Umfang der durch das Parteiprogramm erfolgenden Rahmenbindung ist demgegenüber diesem (unter Einschluß der Wahlplattform) entnehmbar (so daß die von *Eschenburg*, Die Richtlinien der Politik im Verfassungsrecht und in der Verfassungswirklichkeit, DÖV 54, 193 [193], wegen ihrer unscharfen Konturen vorgetragene These, die „Richtlinie der Politik" sei „untypisch" im Sinne der Gesetzessprache, für das rahmengebundene Mandat nicht zutrifft [gegen *Eschenburg* im übrigen schon *v. Mangoldt-Klein*, a. a. O., Art. 65 Anm. III 2]). Wie dem Kanzler hinsichtlich der Richtlinien (*Friauf*, a. a. O., S. 49; *Hamann-Lenz*, a. a. O.; *Knöpfle*, DVBl. 65, 926), kann der Partei aber keine Kompetenz-Kompetenz

keit dieser Rechtslage mit derjenigen einer Rahmenbindung durch das Parteiprogramm ist evident: Auch hier handelt es sich um den systematischen Zusammenhang zweier Verfassungsbestimmungen, die eine Aussage über das Verhältnis von Rahmenbindung und Ausfüllungsfreiheit machen.

dd) Schließlich aber zeigt Art. 38 Abs. 1 S. 2 GG, daß er Rahmenbindungen nicht *schlechthin* auszuschließen bezweckt — die Bindung an Gesetz und Recht ist hierfür deutliches Beispiel. Dann aber kann auch die Bindung an den durch das Parteiprogramm abgesteckten Rahmen nicht von vornherein ausgeschlossen sein[55]. Die Weisungsunabhängigkeit des Abgeordneten intendiert die Ausrichtung seiner Willensbildung am Gemeinwohl statt am Einzelinteresse. Dem Gemeinwohl ist aber auch die politische Partei verpflichtet — und zwar ohne daß die vom Bundesverfassungsgericht vorgenommene Gleichstellung der Parteien mit einem Staatsorgan mit dem Ziel der Zulässigkeit einer Organstreitigkeit[56] auf dasjenige der Ableitbarkeit der Gemeinwohlverpflichtung erweitert zu werden braucht: Es wäre ganz einfach verfehlt, das parteiliche Interesse an der Übernahme an der Regierungsverantwortung allein hierauf zu verkürzen und dabei außer acht zu lassen, daß auch sie nur im Dienste des weiteren der Gemeinwohlverwirklichung steht — was für alle Parteien gilt, unbeschadet ihrer höchst unterschiedlichen, von ihnen dazu eingeschlagenen Wege[57]. Im übrigen spielt es eine Rolle,

---

zuerkannt werden (noch dazu während der Wahlperiode), von sich aus zu bestimmen, was sie zu dem bindenden Rahmen gerechnet wissen will. — Vgl. zum Thema auch noch *Frh. v. d. Heydte-Sacherl*, Soziologie der deutschen Parteien, München 1955, S. 194.

[55] Nach *Jesch*, DÖV 62, 38, sind jeder Repräsentation „notwendigerweise" Grenzen gesetzt, so daß der Gedanke des generellen Mandats einer modernen Form der Repräsentation nicht widerspräche.

[56] Vgl. insb. die Plenarentscheidung BVerfGE 4, 27 (50 f.), und dazu zustimmend *Giese*, Parteien als Staatsorgane, AöR 80, 377. Kritisch demgegenüber zahlreiche weitere Beiträge des Schrifttums, z. B. *Hamann-Lenz*, a. a. O., Art. 21 Anm. B 3 („orphische Organologie"); *Henke*, Das Recht der politischen Parteien, S. 110 ff., 276 ff.; *v. Mangoldt-Klein*, a. a. O., 2. Aufl., Bd. I, Berlin-Frankfurt/Main 1966, Art. 21 Anm. II 4 b, 5; *Steiger*, a. a. O., S. 170 f. Klarstellend BVerfGE 20, 56 (100 ff.). Eine umfassende kritische Beurteilung des Fragenkreises bietet *Hering*, Zur Frage der Anerkennung der politischen Parteien als Staatsorgane, Diss. Mainz 1962.

[57] Mit Recht bemerkt *Sontheimer*, a. a. O., S. 425, daß auch die politischen Parteien zwar Elemente des Pluralismus, jedoch ihrem Zweck entsprechend stärker an gesamtgesellschaftlichen Interessen und Zielen ausgerichtet sind als die sozialen Interessengruppen. — Nach *Grewe*, Zum Begriff der politischen Partei, in: Um Recht und Gerechtigkeit, Festgabe f. Erich Kaufmann, Stutt-

daß der Abgeordnete vor allem bei der ad hoc-Entscheidung vor einen Gewissenskonflikt gestellt werden kann — und ihn will das repräsentative Mandat mit Sicherheit verhindern —, während er bei der Rahmenbindung durch das Parteiprogramm sich von vornherein über die Koinzidenz mit seinem Gewissen klar zu werden und hiervon seine Entscheidung über die Mandatsannahme abhängig zu machen vermag.

V.

Nach diesem Ergebnis bleibt der mögliche Einwand seiner *Dysfunktionalität*[58]. Zu ihm ist zweierlei zu bemerken:

1. Das Problem der Dysfunktionalität stellt sich zum einen im Hinblick auf den *Relativismus*, mit der die Demokratie notwendigerweise verhaftet ist; das Prinzip der freiheitlich-demokratischen Meinungsbildung, der freie Wettbewerb der Überzeugungen hat den Wertrelativismus zur gedanklichen Voraussetzung. Wer absolute Wahrheit und Werte menschlicher Erkenntnis für verschlossen hält, darf nicht nur die eigene, sondern muß auch die gegenteilige fremde Meinung zumindest für möglich halten, so daß Relativismus und Pluralismus als dessen sozialwissenschaftliche Variante die Weltanschauung ist, die der demokratische Gedanke impliziert[59]. „Demokratie ist diejenige Weise des menschlichen Zusammenlebens, die im natürlichen Widerstreit der Interessen in einem fort vermittelt, die Gegensätze versöhnt"[60] — dies unbeschadet wertabsolutistisch gesetz-

---

gart 1950, S. 78 (78), können als Parteien im Sinne des Verfassungsrechts überhaupt nur solche anerkannt werden, die ihr Machtstreben am Gemeinwohl zu legitimieren suchen.

[58] Zur Funktionalität als Auslegungsmaxime *Ehmke*, Prinzipien der Verfassungsintrepretation, VVDStRL 20, 53 (73 ff.); *Hesse*, a. a. O., § 2 III 2 c cc S. 29; *Larenz*, Methodenlehre der Rechtswissenschaft, 2. Aufl., Berlin-Heidelberg-New York, S. 450 ff.; *F. Müller*, a. a. O., S. 154.

[59] S. dazu BVerfGE 5, 85 (135, 204 f.); 12, 113 (125); *Kelsen*, Sozialismus und Staat, 2. Aufl., Leipzig 1923, S. 191 ff.; Vom Wesen und Wert der Demokratie, 2. Aufl., Tübingen 1929, S. 101 ff.; Zur Soziologie der Demokratie, in: Der österreichische Volkswirt 19 (1926), 209, 239, abgedr. auch in: Die Wiener rechtstheoretische Schule, S. 1729; Demokratie, in: Schriften der Deutschen Gesellschaft für Soziologie, I. Serie, V. Bd., Verhandlungen des Fünften Deutschen Soziologentages, Tübingen 1927, S. 37, 113, abgedr. auch ebda., S. 1743.

[60] *Marcic*, Hegel und das Rechtsdenken, Salzburg-München 1970, S. 45, unter Bezugnahme auf *Ryffel*, Rechts- und Staatsphilosophie, Neuwied-Berlin 1969, S. 262 ff.

ter Grenzen durch die „wachsame" oder „streitbare" Demokratie, die damit nicht in Widerspruch stehen, sondern gerade zur Gewährleistung und Erhaltung von Relativismus und Pluralismus deren Bedingungsrahmen darstellen, dessen relativistische Verengung zu einer Verdichtung des Entscheidungsspielraums und zugleich zur Aufhebung der Demokratie führen müßte[61]. Durch die Rahmenbindung des Mandats wird dieser Relativismus nicht berührt: Zum einen bleibt die Vielfalt der politischen Parteien und ihres parlamentarischen Einflusses — vermittelt durch die ihnen angehörenden Abgeordneten — unberührt, zum anderen behält aber auch jedes Parlamentsmitglied für sich die Möglichkeit, innerhalb des durch Gesetz und Programm gezogenen Rahmens unterschiedliche Denkansätze in seine Willensbildung einfließen zu lassen[62].

2. Das Problem der Dysfunktionalität tritt weiterhin insofern auf, als die Bezugnahme auf das Parteiprogramm der *Geschlossenheit des staatlichen Normsetzungsprozesses* widerstreiten könnte. Singulär ist dieser Vorgang freilich nicht, denn immerhin bedeutet auch die in Art. 2 GG enthaltene Bezugnahme auf das Sittengesetz eine solche auf eine metarechtliche Quelle, die damit von der Rechtsordnung rezipiert wird. Gerade gegen eine solche auf Moralnormen bestehende Bedenken können hier auf sich beruhen[63]. Doch muß der Frage nachgegangen werden, ob die Bezugnahme auf metarechtliche Quellen über-

---

[61] Ausführlich dazu *Achterberg*, Kelsen und Marx. Zur Verwendbarkeit der Reinen Rechtslehre in relativistischen und dogmatistischen Rechtssystemen (= Vortrag vor den Wissenschaftlichen Arbeitskreisen des Kuratoriums Unteilbares Deutschland in Berlin am 1. 11. 1974), Politik und Kultur 2/1975, S. 40 (53 ff.). — Vgl. auch *Sontheimer*, a. a. O., S. 429, nach dem der Pluralismus als System nur dann Bestand haben kann, wenn die ihn konstituierenden Gruppen allgemeines Interesse an seiner Aufrechterhaltung haben. In die gleiche Richtung zielt *Fraenkels* Deutung, daß der Pluralismus ein Minimum von Homogenität für erforderlich, wenn auch ein Maximum nicht für erstrebenswert hält: Der Pluralismus als Strukturelement der freiheitlich-rechtsstaatlichen Demokratie, Festvortrag auf dem 45. DJT Karlsruhe 1964, Bd. II/B, München-Berlin 1964, B 17, auch schon B 8.
[62] Infolgedessen ist auch dem vom Bundesverfassungsgericht, BVerfGE 20, 56 (101 f.), mit Recht hervorgehobenen Verfassungsgebot der grundsätzlich staatsfreien und offenen Meinungs- und Willensbildung vom Volk zu den Staatsorganen beim rahmengebundenen Mandat in vollem Umfang Rechnung getragen.
[63] Vgl. dazu *Achterberg*, „Öffentliche Ordnung" im pluralistischen Staat, in: Öffentliches Recht und Politik, Festschrift f. Hans Ulrich Scupin, Berlin 1973, S. 9 (25 ff.).

haupt zulässig ist. Die Frage ist zu bejahen: Selbst die Reine
Rechtslehre — um sie als Beispiel für eine metarechtlichen An-
sätzen abgeneigte Theorie zu erwähnen — bejaht die Möglichkeit autonomer und damit auch außerrechtlicher Determinan-
ten, die jede Rechtserzeugungsstufe besitzt[64]. In dem Parteiprogramm ist ein signifikantes Beispiel einer solchen außer-
rechtlichen, autonomen Determinante zu erblicken. Durch die
Offenheit für den durch das Parteiprogramm gezogenen Rahmen vermögen die Vorstellungen der politischen Parteien in die
Rechtsordnung induziert zu werden und damit in die Willensbildung des Abgeordneten sowie über diese in die Normerzeu-
gung einzugehen. Einzuräumen ist dabei freilich, daß die Rahmenbindung bestimmte organisatorische Vorkehrungen erfordert, zu denen insbesondere die Transparenz der Parteipro-
gramme zählt, die als flankierende Maßnahme der Rahmenbindung noch über die Existenz eines solchen hinaus im Parteiengesetz vorgeschrieben werden müßte[65].

VI.

Aus der verfassungsrechtlichen Zulässigkeit und Funktionalität der Rahmenbindung an das Parteiprogramm ergeben sich
folgende *Konsequenzen:*

1. Auch wenn das Grundgesetz ein rahmengebundenes Mandat zuläßt, besteht ein solches de lege lata nicht[66]. Hieraus ergibt
sich das Erfordernis zu prüfen, ob ein solches unterrangig vorgesehen werden sollte. Als sedes materiae hierfür kämen Ab-
geordnetengesetze in Betracht. Nachdem die Organwalterver-

---

[64] S. z. B. *Kelsen,* Allgemeine Staatslehre, Berlin 1925, § 35 G, S. 243,
und dazu *Achterberg,* Probleme der Funktionenlehre, München 1970,
S. 37 m. Anm. 142; Rechtstheoretische Grundlagen einer Kontrolle der Ge-
setzgebung durch die Wissenschaft, Rechtstheorie 1 (1970), 147 (149 ff.);
Hans Kelsens Bedeutung in der gegenwärtigen deutschen Staatslehre, DÖV
74, 445 (454).
[65] § 6 Abs. 1 ParteiG. — Zum Erfordernis des politischen Programms der
Partei BVerfGE 5, 77 (84), zu seiner Bedeutung OVG Münster, OVGE 11,
230 (243); *Maunz-Dürig-Herzog,* a. a. O., Art. 21, RdNr 17.
[66] Zumindest mißverständlich daher *H. Martens,* Freies Mandat oder
Fraktionsdisziplin?, DVBl. 65, 865 (866), nach dem der Abgeordnete nicht
frei gegenüber seiner Partei, sondern ihr Vertreter, „im grundsätzlichen an
ihr Programm und die Beschlüsse ihrer Organe gebunden" ist.

hältnisse der Exekutive und der Judikative längst gesetzlich geregelt sind, ist die Schaffung solcher Gesetze ein dringendes Desiderat unserer Rechtsordnung[67]. Nur sie — allenfalls noch das Parteiengesetz — wären der zutreffende Standort für die unterrangige Normierung des rahmengebundenen Mandats. Parteistatute scheiden insoweit aus — und zwar weniger deshalb, weil in ihnen vorgenommene unterschiedliche Regelungen die Chancengleichheit der Parteien beeinträchtigen würden, als vielmehr deshalb, weil sich der Regelungsbereich der Parteisatzung überhaupt nur auf das Verhältnis zwischen Partei und Parteimitglied, nicht aber auf das zwischen Partei und Abgeordnetem erstreckt[68].

.2. Auf Grund der Rahmenbindung an das Parteiprogramm denkbare weitere Folgerungen seien nur als *Thesen* skizziert; sie sind als Beitrag für die weitere Diskussion der Problematik gedacht:

(1) Klärungsbedürftig ist zunächst die *Abgrenzung des Rahmens von der Rahmenausfüllung.*

(1.1) In *gegenständlicher* Hinsicht wird von dem Grundsatz auszugehen sein, daß der Rahmen durch das Parteiprogramm und die Wahlplattform umrissen werden muß. Vorstellbar ist, daß im Parteiengesetz Minimalanforderungen an die Wahlaussage — beispielsweise die Entwicklung von Zielvorstellungen für alle Ressorts der Staatstätigkeit — aufgestellt werden. Im übrigen läge es im Interesse der Parteien selbst, den Mittelweg zwischen zu perfekten und zu elastischen Programmen zu gehen. Bei zu großer Perfektion (z. B.: „Die X-Partei setzt sich dafür ein, daß der Ecklohn im Baugewerbe um 5,5 % erhöht

---

[67] S. auch schon *Achterberg*, DVBl. 74, 706.
[68] Dabei ist daran zu erinnern, daß die Rechtsordnung überhaupt als „Beziehungsgefüge und Gefälle von Verhältnissen" (*Marcic*, Die Reine Staatslehre: Der Hintergrund der Kelsen-Renaissance im deutschsprachigen Raum, in: Law, State and International Legal Order. Essays in Honor of Hans Kelsen, ed. Engel-Métall Knoxville 1964, S. 197 [201]) erscheint, die ihre Deutung als „Rechtsverhältnisordnung" nahelegt (*Achterberg*, DÖV 74, 454) — ein Gedanke, der beispielsweise auch bei *Fabricius*, Relativität der Rechtsfähigkeit, München-Berlin 1963, passim, wie bei *Rupp*, Grundfragen der heutigen Verwaltungsrechtslehre, Tübingen 1965, in der von ihm vorgenommenen Unterscheidung von Rechtsverhältnissen des Innenbereichs (Organwalterverhältnis und Organverhältnis) sowie des Außenbereichs (S. 19 ff., 81 ff., 104 ff.) anklingt, jedoch noch einer umfassenden rechtstheoretischen Bearbeitung bedarf.

38

wird") entsteht die Gefahr allzu leichter Entfernung vom Rahmen, bei zu großer Elastizität (z. B.: „Die Y-Partei ist bestrebt, das Wohlergehen der Bundesrepublik Deutschland zu fördern") diejenige, daß die Wahlaussage überhaupt keinen hinreichend determinierenden Maßstab für die Mandatsausübung abgibt, so daß die Rahmenbindung nicht realisierbar ist.

(1.2) In *zeitlicher* Hinsicht ist zu fordern, daß der bindungsauslösende Rahmen vor der Wahl erstellt ist[69], damit auch für den Wähler ersichtlich ist, welchen Zielvorstellungen die Abgeordneten folgen werden.

(1.2.1) Für die *Ergänzung des Parteiprogramms* folgt hieraus, daß während der Wahlperiode entwickelte zusätzliche Zielsetzungen — selbst wenn sie programmatischen Charakter tragen — keine Bindungswirkung mehr entfalten können — wie überhaupt diskutiert werden sollte, an das Verhältnis von Rahmenbindung und Weisungsfreiheit den Grundsatz „in dubio pro libertate"[70] anzulegen.

(1.2.2) Für die *Änderung des Parteiprogramms* ergibt sich folgendes: Das abändernde Programm kann nach dem zuvor Gesagten keine Bindung ausüben; aber auch das abgeänderte kann eine solche Wirkung nicht mehr entfalten, weil es nicht mehr den gültigen Rahmen für die Mandatsausübung bildet. Ob eine Änderung des Parteiprogramms während einer laufenden Wahlperiode überhaupt zulässig ist, stellt keine parlamentsrechtliche, sondern eine parteienrechtliche Frage dar und muß in diesem Zusammenhang auf sich beruhen. Daß eine Partei bei der Schnellebigkeit der Zeit auch während des Laufs einer Wahlperiode sich vor diese Notwendigkeit gestellt sehen kann, läßt sich jedenfalls politisch nicht schlechthin ausschließen.

(2) Weiterhin bleiben die möglichen *Konsequenzen der Rahmenabweichung* zu erörtern. Sie können politische oder/und rechtliche Sanktionen sein. Vorab ist dazu festzustellen, daß die — selbst normative — Bindung des Abgeordneten an das Parteiprogramm keineswegs sinnlos wäre, wenn sie ohne rechtliche

---

[69] In dieselbe Richtung zielt auch der Vorschlag von *Sacher*, ÖZöR 67, 285.

[70] Die Formel findet sich in anderem Zusammenhang (Grundrechtsbereich) erstmals bei *Uber*, Freiheit des Berufs, Hamburg 1952, S. 27 f.; ähnlich bei *P. Schneider*, Prinzipien der Verfassungsinterpretation, VVDStRL 20, 1 (31 ff.: Freiheit als allgemeine Interpretationsregel). Kritisch *F. Müller*, a. a. O., S. 161 f. m. weit. Hinweisen.

Sanktion bliebe; die lex imperfecta ist ein der Rechtsordnung geläufiges Phänomen, und auch die Bindung des Abgeordneten an sein Gewissen stellt eine solche dar. Imperfekten Normen gegenüber mag ein gewisses Unbehagen verbreitet sein, doch bietet auch die politische Sanktion immerhin eine — wenn auch, insbesondere wegen der Terminierung durch die Wahl, schwächere — Befolgungsgarantie. Gleichwohl bleibt zu bedenken, ob die Rahmenabweichung nicht auch mit einer rechtlichen Sanktion ausgestattet werden könnte. In Betracht kommen dabei Konsequenzen hinsichtlich der Gültigkeit der Stimmabgabe und hinsichtlich des Mandatsbestands.

(2.1) Auf die *Stimmabgabe* könnte sich die Rahmenabweichung denkmöglich dergestalt auswirken, daß die Stimme gültig bleibt, ungültig oder anfechtbar wird; die Möglichkeit, daß der Rahmen die Stimmabgabe überhaupt ersetzt, kann demgegenüber nicht in Betracht gezogen werden, weil anderenfalls die Abstimmung insoweit obsolet würde.

Für die Gültigkeit der Stimme trotz Rahmenabweichung spricht der Umstand, daß eine solche bei geheimer Abstimmung nicht nachweisbar ist, so daß die Rahmenbindung durch sie überspielbar wird. Andererseits besteht der Sinn des Unterschieds von offener und geheimer Abstimmung gerade darin, bestehende Zwänge überwinden zu können — ob freilich nur Sachzwänge oder auch Rechtszwänge, wie ihn die normativ verankerte Rahmenbindung darstellen würde, sei dahingestellt. Damit wäre es nicht schlechthin ausgeschlossen, die Möglichkeit des Wechsels von der offenen zur geheimen Abstimmung zu nutzen, um im parlamentspraktisch konkreten Fall die Konsequenzen der Rahmenbindung zu lockern[71] — ein Verfahren, das immerhin dem Gedanken des repräsentativen Mandats noch eher entsprechen dürfte als das ausdrückliche Zugeständnis des free votings, um cross voting nicht zu hindern[72], woraus sich im Grunde nichts anderes ergibt als das stillschweigende Eingeständnis des faktisch imperativen Mandats als Regelfalls. Allerdings ist zu beachten, daß der Antrag auf geheime Abstim-

---

[71] In anderem Zusammenhang empfehlen dies *Grewe*, Fraktionszwang und geheime Abstimmung, AöR 75, 468 (470); *Immesberger*, a. a. O., S. 156 ff. Bedenken hiergegen (Wahrung der Freiheit nur durch Flucht in die Anonymität) bei *Kremer*, a. a. O., S. 96 f.; *Leibholz*, DVBl. 51, 7.

[72] Vgl. dazu *Loewenstein*, DRZ 50, 243 f., sowie *Jennings*, Parliament, 2nd ed., Cambridge 1961, p. 88 ff., 162 f.

mung als Minderheitenrecht ausgestattet sein muß. Ist er Mehrheitsrecht, so könnte zwar die Mehrheit die Rahmenbindung der Minderheit überspielen, nicht aber diese diejenige jener. — Indessen steht der Ungültigkeit der Stimme der Umstand entgegen, daß oftmals nicht einfach und insbesondere nicht ad hoc entscheidbar ist, ob das Abstimmungsthema den durch das Parteiprogramm abgesteckten Rahmen oder nur seine Ausfüllung betrifft. Hinzu kommt, daß ähnlich wie bei der Wahlprüfungsentscheidung nur solche Abstimmungsfehler berücksichtigt werden sollten, die für das Abstimmungsergebnis kausal sind, die es also beeinflußt haben können[73].

Infolgedessen erscheint es sinnvoll, daß die Stimmabgabe durch Rahmenabweichungen nicht ungültig, sondern nur anfechtbar wird. Da an der Ungültigkeit der Stimme die Partei interessiert sein muß, deren Mitglied von dem durch ihr Programm gesetzten Rahmen abgewichen ist, weil nämlich die sich infolgedessen zugunsten der anderen Partei(en) auswirkende Stimme dann nicht gezählt wird, ist ihr die Anfechtungsbefugnis einzuräumen. Die Entscheidung über die Anfechtung müßte zweckmäßigerweise — nicht zuletzt wegen ihrer Eilbedürftigkeit — parlamentsintern erfolgen; vorstellbar wäre die Entscheidungsbefugnis des Ältestenrats.

(2.2) Denkmöglich könnte sich die Rahmenabweichung weiterhin auf den *Mandatsbestand* auswirken. Über einen Mandatsverlust zu entscheiden, kommen das Wahlprüfungsorgan und danach das Verfassungsgericht in Betracht. Von der Sache her stehen dem Mandatsverlust indessen gewichtige Bedenken entgegen: Zu einem solchen kann jedenfalls nicht die Abweichung innerhalb des Rahmens führen, denn auch das rahmengebundene ist ein repräsentatives, jedoch kein imperatives Mandat. Bei der Abweichung vom Rahmen ist zu differenzieren: Löst sich die Partei während der Wahlperiode von dem von ihr selbst gesteckten Rahmen, so kann es nicht zum Mandatsverlust führen, wenn sich der Abgeordnete weiterhin an das ursprüngliche Programm hält, mit dem die Partei zur Wahl angetreten ist und das für das ihr erteilte politische Mandat die Geschäftsgrundlage dargestellt hat. Entfernt sich demgegenüber der Ab-

[73] *Achterberg*, Grundzüge des Parlamentsrechts, S. 25; *Maunz-Dürig-Herzog*, a. a. O., Art. 41 RdNr 26—28; *v. Mangoldt-Klein*, a. a. O., Bd. II, Art. 41 Anm. III 1 e.

geordnete von dem Rahmen, so kommt allerdings der Mandatsverlust als mögliche Sanktion in Betracht. Indessen würde er
der — wenn auch erst durch Anfechtung herbeigeführten — Ungültigkeit der Stimme gegenüber eine so schwerwiegende Maßnahme darstellen, daß zumindest bei einmaliger Rahmenabweichung die Verletzung des verfassungsrechtlichen Übermaßver-
bots als nicht ausgeschlossen erscheint.

(3) Schließlich bleibt zu erörtern, ob und gegebenenfalls wie
sich die Rahmenbindung an das Parteiprogramm auf den Mandatsbestand bei *Lösung von der Partei* auswirken würde.

(3.1) Der Mandatsverlust als Folge des *Parteiverbots* läßt
sich bei der Bindung des Abgeordneten an das Parteiprogramm
erheblich besser deuten als ohne eine solche. Nach dem tradierten Verständnis des repräsentativen Mandats bleibt es immerhin
fragwürdig, weshalb zwar bei Ausschluß und Austritt aus der
Partei das Mandat erhalten bleibt, nicht dagegen bei deren Verbot. Bei der Bindung an das Parteiprogramm ergibt sich dies
dagegen daraus, daß mit dem Verbot der Partei auch der Rahmen entfällt, dem der Abgeordnete verpflichtet ist, so daß seiner
parlamentarischen Arbeit die Grundlage entzogen ist.

(3.2) Demgegenüber läßt sich die Frage nach dem Schicksal des
Mandats bei *Parteiausschluß* von der Bindung an das Parteiprogramm her nicht eindeutig beantworten. Denn immerhin
ist es nicht undenkbar, daß auch der aus der Partei ausgeschlos-
sene Abgeordnete sich weiterhin deren durch ihr Programm um-
rissenen Zielen verbunden weiß. Mit dem Ausschluß aus der
Partei ist also noch nicht notwendigerweise die Trennung von
dem programmbestimmten Rahmen verbunden. Zu einer ein-
deutigen Lösung des Problems käme man jedoch dann, wenn
der Parteiausschluß des Abgeordneten während der laufenden
Wahlperiode — in einer Art erweiterter Immunität und Indem-
nität — überhaupt für unzulässig erklärt, insoweit das Interesse an der ungeminderten Funktionsfähigkeit des Parlaments
über dasjenige der betreffenden Partei gestellt würde. Dieser
Weg erscheint insofern als gangbar, als — wenn auch die
Gründe für einen Parteiausschluß vielfältig sein mögen und
keineswegs stets auf dem parlamentarischen Verhalten zu beruhen brauchen — im Falle prinzipieller Loslösung des Abgeordneten von dem durch das Parteiprogramm gesteckten Rah-

men die (zu [2.2]) skizzierte Möglichkeit der Aberkennung des Mandats besteht.

(3.3) Der *Parteiaustritt* schließlich muß bei der Rahmenbindung an das Parteiprogramm entgegen der bisher herrschenden Auffassung zum Mandatsverlust führen. Durch ihn trennt sich der Abgeordnete nicht nur von der Partei, sondern auch von dem durch ihr Programm gesteckten Rahmen seiner parlamentarischen Tätigkeit; die Ausübung eines politisch nahezu bedeutungslosen fraktionslosen Mandats wird damit zugleich verhindert. Für den Parteiwechsel ergeben sich keine anderen Konsequenzen: Er kann nicht als ein einziger Akt betrachtet werden, sondern setzt sich aus den Bestandteilen des Parteiaustritts und des Parteieintritts zusammen. Geht das Mandat aber mit dem Austritt aus der einen Partei verloren, so wird es nicht mit dem Eintritt in die andere wiedergewonnen; dies ist vielmehr nur auf Grund einer neuen Wahl möglich. Verliert der Abgeordnete das Mandat, so besteht die sachgerechte Konsequenz darin, daß der Listennachfolger nachrückt, ohne daß ein weiterer Ausgleich erfolgt.

VII.

Das Problem des rahmengebundenen Mandats ist nach allem ein solches höchster rechtlicher und politischer Brisanz, dem man sich nur mit äußerster Behutsamkeit nähern kann. Hier ging es nur um den Nachweis, daß das geltende Verfassungsrecht es nicht hindert, und um die Darlegung hieraus zu ziehender möglicher Konsequenzen. Ob eine Rahmenbindung an das Parteiprogramm empfehlenswert ist, müssen Politiker und Gesetzgeber entscheiden[74]. Die zur Diskussion gestellte Lösung bedeutet — um das nochmals hervorzuheben — keine Verbeugung vor der Verfassungswirklichkeit im Sinne der Anerkennung einer Normativität des Faktischen, mit der das Grundgesetz beliebig unterlaufen werden könnte. Worum es geht, ist allein die Normativität des Normativen: Es erscheint sinnvoller, einen in der

---

[74] Aus politischer Sicht besteht durchaus die Möglichkeit, das vorstehend skizzierte parteiprogrammgebundene Mandat in den Rahmen von Bemühungen um „Demokratisierung" im Sinne einer „dynamischen Demokratie" — verstanden als „Fortentwicklung demokratischer Willensbildungs- und Entscheidungsverfahren" (*Steffani*, Monistische oder pluralistische Demokratie? in: Festschrift f. Ernst Fraenkel [s. o. Anm. 20], S. 482 [488, 508]) — zu stellen.

Verfassungsrealität bestehenden Konflikt durch die Herbeiführung der Konvergenz zweier Verfassungsnormen aufzulösen, als die Bestimmung über das repräsentative Mandat, dessen eingangs erwähnte eminente Bedeutung nicht aus dem Blickfeld geraten darf, zu einer leerlaufenden Verfassungsnorm abzuqualifizieren. Das Bewußtsein vom Rang der magna charta des Abgeordnetenverhältnisses wie auch von dem nicht minder hohen der Parteienstaatlichkeit sollte gesetzgeberische Bemühungen lohnen, beide Brennpunkte unseres repräsentativ-parteienstaatlichen Systems zu harmonisieren — dies in der Überzeugung von dem Erfordernis der „Konkordanz des Verfassungsrechts"[75].

---

[75] *Hesse*, s. o. Anm. 31, sowie: Die verfassungsrechtliche Stellung der Parteien im modernen Staat, VVDStRL 17, 11 (13 ff., 115 f.). — Die verfassungsrechtliche und verfassungspolitische Dimension gerade dieses Problems umschreibt zutreffend *Kewenig*, a. a. O., 110; „Es geht nicht... darum, das durch Artikel 38 begründete System abzuschaffen oder aber grundlegend zu verändern, sondern allein darum, durch Randkorrekturen die Glaubwürdigkeit dieses Systems auch im modernen Parteienstaat zu stärken."